HORIZONS IN THEOLOGY

기독교 세계관의 철학적 기초 시리즈 ⑪

포스트모던 시대의
철학과 신학

PHILOSOPHY AND THEOLOGY

존 D. 카푸토 지음 | 김완종·박규철 옮김

기독교문서선교회

기독교문서선교회(Christian Literature Center: 약칭 **CLC**)는 1941년 영국 콜체스터에서 켄 아담스에 의해 시작되었으며 국제 본부는 영국의 쉐필드에 있습니다.

국제 CLC는 59개 나라에서 180개의 본부를 두고, 약 650여 명의 선교사들이 이동도서차량 40대를 이용하여 문서 보급에 힘쓰고 있으며 이메일 주문을 통해 130여 국으로 책을 공급하고 있습니다.

한국 CLC는 청교도적 복음주의 신학과 신앙서적을 출판하는 문서선교기관으로서, 한 영혼이라도 구원되길 소망하면서 주님이 오시는 그날까지 최선을 다할 것입니다.

Philosophy and Theology

Written by
John D. Caputo

Translated by
Wanjong Kim
Kyucheol Park

Copyright © 2006 by Abingdon Press
Originally published in English under the title as
Philosophy and Theology
by Abingdon Press
Translated and used by the permission of
Abingdon Press, P.O. Box 801
201 Eighth Avenue South, Nashville, TN 37203

All rights reserved

Korean Edition
Copyright ⓒ 2016 by Christian Literature Center
Seoul, Korea

Horizons in Theology

Philosophy and Theology

추천사

이승종 박사
연세대학교 철학과 교수

하이데거 연구에서 시작해 대륙철학과 신학으로 연구의 영역을 넓힌 존 카푸토(John D. Caputo) 박사가 철학과 신학의 과거와 현재와 미래를 논하고 있는 역작이다. 신학과 철학을 전공한 하이데거 연구자 김완종 박사와 서구 지성사를 오랫동안 연찬(研鑽)해온 박규철 박사는 『포스트모던 시대의 철학과 신학』(*Philosophy and Theology*)의 최적의 역자임에 틀림없다.

이경직 박사
백석대학교 신학대학원 조직신학 교수

미국 연구년 때 서점에서 처음 만나서 한국어 번역이 되었으면 했던 책이다. 신학과의 관계 속에서 철학 작업을 해온 서양철학사의 대가들을 포스트모던주의자의 눈으로 새롭게 볼 수 있게 해주는 책이다. 동시에 포스트모더니즘이 신앙과 신학의 자리를 부인하기보다는 신적 담론에 기여할 수 있는 가능성을 보여주는 책이다. 한국의 기독교철학과 신학의 논의를 풍성하게 해줄 수 있는 책으로 일독을 권한다.

『포스트모던 시대의 철학과 신학』을 위한 칭송

토니 존스(Tony Jones)
『거룩한 길』(*The Sacred Way*)의 저자

히포의 아우구스티누스와 자크 데리다가 여러분의 가슴에 화살을 겨누는 공동 큐피트라는 한 권의 책을 상상해 보라. 이는 카푸토의 수중에서만 상상이 가능해진다. 이것이 서정적이고 놀랄 만하고 불가능한 본서의 기원이다. 카푸토는 노래하고 설교하며, 철학적으로 신학적으로 열정적이며 마침내 기도하는 두 거인, 아우구스티누스와 데리다가 있는 곳으로 우리를 안내한다.

우리를 놀라게 하는 것은 그들이 함께 기도하고 있다는 것이다. 그리고 만일 우리가 주의 깊게 읽는다면, 이 작은 책이 실은 카푸토 자신의 기도라는 것을 보게 될 것이다. 나는 본서를 여러 번 읽을 것이다.

리처드 커니(Richard Kearney) 박사
Boston College 교수

여기에서 또 한 번 저자는 (한 구절을 만들기 위해) 전형적인 활력(brio)과 열정(gusto)과 집요함(caputo)으로 철학과 신학은 마치 애정 어린 창조적 투쟁을 하고 있는 두 쌍둥이와 같다는 것을 보여주고 있다. 문체는 명쾌하고 논거들은 간결하며 결론은 이해하기 쉽고 이목을 끈다. 이 선구적인 책은 학문적, 비학문적 독자 모두가 쉽게 접근 가능한 책이다. 열정적 독서를 하기에 가장 좋은 책이다.

케빈 하트(Kevin Hart) 박사
The University of Notre Dame 교수

고상하고 명쾌하고 도발적인 카푸토의 『포스트모던 시내의 철학과 신학』(*Philosophy and Theology*)이란 책은 서양 그 자체만큼 오래된 자료에 새로운 방식을 더해준다. 여전히 미국의 대륙 명부에서 종교철학의 대부인 카푸토는 주요한 종교철학의 주창자(gadfly)이다.

쉘리 람보(Shelly Rambo) 박사
Boston University 교수

　학생들에게 철학과 신학 간의 풍성한 대화를 소개하는 텍스트를 찾을 때 카푸토의 『포스트모던 시대의 철학과 신학』이란 책만큼 좋은 책은 없다. 그의 본문 몇 쪽만 읽어도 우리는 서론 이상의 것을 받아들이고 있다는 것을 깨닫게 된다. 이 간결하고 쉽게 접근 가능한 본문은 1차 본문만큼 자립적이며, 전통적 경계에서 새로운 목적으로 밀어붙이는 학자의 지혜와 열정을 드러낸다.
　학생들에게 철학과 신학과의 관계성에 대해 새로운 방식을 제공하며 그가 관여하고 있는 위대한 사상가들과 동일 선상에서 자신의 뛰어난 신학적 명상을 제시한다.

※

제임스 K. A. 스미스(James K. A. Smith) 박사
Calvin College 교수

　니체는 아우구스티누스와 무슨 상관이 있는가?
　본서에서는 대륙 종교철학의 가장 영향력 있는 인물들 중에 한 사람이 도발적이고, 재미있는 다음과 같은 끊임없는 물음의 포스트모던 연주를 제시한다.

아테네는 예루살렘과 무슨 상관이 있는가?

카푸토는 우리의 포스트모던 상황을 줄곧 눈여겨보며 철학과 신학의 역사를 통해 깨달음을 주는(enlightening) 여행을 제공한다. 그의 매력적인 제안은 학생들에게 이런 지속적 물음에 장고(長考)하도록 자극한다.

✶

이디쓰 와이스코그로드(Edith Wyschogrod) **박사**
라이스대학교 뉴턴 레이저 명예 교수
J. Newton Rayzor Professor Emerita, Rice University

외관상 독립적 영역인 철학과 신학과의 친밀성을 밝혀 줌으로써 카푸토는 "종교인들이 입구에서 자신의 합리적 능력을 점검해왔다"는 여전히 폭넓게 주장된 믿음을 불식시킨다. 그는 유머와 열정으로 철학과 신학에 대한 "전근대"의 표현들로부터 사유의 새로운 규칙들을 확립하는 데 있어서 과학의 역할로 인해 도입된 급진적 변화에 이르기까지 철학과 신학과의 관계성의 역사를 추적한다.

계몽주의는 종교 이야기들을 강화했던 합리성에 수정을 가할 필요성을 제공해 왔지만 카푸토는 어떻게 포스트모더니티가 인간 실존에서 열정과 기도의 회복을 허용하는지를 보여준다. 많은 원전들이 카푸토를 철학적 전통의 중요한 독창적 사상가와 해석자로 확립시켰다. 본서는 이러한 영역에 가입을 추구하는 사람과 이러한 영역에 이미 친숙한 사람 모두에게 필수불가결한 책이다.

브라이언 맥라렌(Barian McLaren)
저술가/활동가(anewkindofchristian.com)

존 D. 카푸토의 새 책을 한 번 훑어보려고 했는데 내려놓을 수 없었다. 신학자가 흥미를 갖기 힘들며, 철학자는 아마 더욱 그렇겠지만, 본서는 활기 넘치는 산문, 즉 심오하고 유쾌하고 순전한 자극을 통해 표현된 흥미를 끄는 통찰력으로 가득 차 있다.

로날드 P. 마후린(Ronald P. Mahurin) **박사**
미국기독교대학협회 부회장
Vice President, Council for Christian Colleges and Universities

소크라테스가 "탐구하지 않는 삶은 살 가치가 없다"라고 주장한 바처럼 탐구하지 않는 신학은 믿을 가치가 없다고 말할 수도 있다.

이 짧지만 도발적인 작품에서 카푸토는 철학자들과 신학자들에게 진리, 의미, 미에 대한 그들의 추구를 재탐구하라고 촉구하며, 그렇게 함으로써 어느 때보다도 지금 왜 철학자와 신학자가 서로를 귀담아 듣고 서로에게 배워야 하는지를 논증한다.

제임스 H. 올투이스(James H. Olthuis) 박사
기독교연구소 철학신학 명예 교수
Professor Emeritus of Philosophical Theology, Institute for Christian Studies

『포스트모던 시대의 철학과 신학』(*Philosophy and Theology*)은 훌륭한 작은 에세이며 동시에 폭넓고 심도 있고 단순하지만 심오한 에세이다. 본서는 아름답게 기록되고 위트가 있으며 역사를 통해 신학과 철학과의 변화하는 관계성을 설득력 있게 나열하고 있다. 이러한 본서의 기원으로 인해 모든 소장 철학자와 신학자, 실제로 모든 실천적 철학자와 신학자가 반드시 읽어야할 책이다.

한국어판 서문

인생의 열정(The Passion of Life)

존 D. 카푸토 박사

시러큐스대학교 토마스 J. 왓슨 석좌 교수
The Thomas J. Waton Professor of Religion Emeritus, Syracuse University
빌라노바대학교 데이비드 R. 쿡 명예 교수
The David R. Cook Professor of Philosophy Emeritus, Villanova University

필자는 『포스트모던 시대의 철학과 신학』(*Philosophy and Theology*)의 한국어 번역판이 출간되는 것을 기쁘고 영광스러운 마음으로 환영한다.

필자가 본서에서 제기하는 물음은 이 시대의 상황과 분리될 수 없는 포스트모던적 전회(postmodern turn)에 관한 것이다. 또한, 필자의 물음은 포스트모던과 맞물린 이러한 상황이 철학과 신학의 오래된 소명(ancient vocations)에 어떠한 영향을 주는지에 관한 것이기도 하다. 논지의 핵심을 놓치지 않으면서 위의 물음을 간략하고 비교적 쉬운 언어로 제기하는 것이 필자의 목적이다.

본서에서 미국 문화는 아주 당연한 문화로 묘사된다. 이러한 미국 문화에 대한 몇 가지 언급들이 필자의 논지를 방해하지 않기를 바란다. 필자의 생각에, 필자의 논지는 급격한 세계화 속에 이 시대를 살아가는 모든 사람들에게 적용된다.

필자가 "포스트모던"이라는 어휘를 통해 의미하는 바는 정보 기술과 운송 기술의 비약적 발전으로 인해 파생된 지금껏 보지 못했던 특별한 문화이다. 포스트모더니티(postmodernity)에서, 전 세계 사람들은 타인들과 신속하고 용이하게 접촉할 수 있다. 포스트모더니티는 전 세계적인 문화이다. 이 문화는 인터넷, 국제 여행, 통신, 위성항법장치(GPS), 스마트 폰, 디지털 정보를 통해 파생된 문화이다.

오늘날 문화들은 상호 관계되며 노출되어 있다. 즉, 이제 문화들은 더 이상 고립되거나 닫혀 있지 않다. 과거에는 알려지지 않았고 "근대성"(modernity)에서는 거의 발견되지 않았던 다양성과 다채로움이 무엇인지를 이 시대를 살아가는 우리는 잘 알고 있다.

본서에서 언급된 근대 세계는 대략 유럽에서 과학이 태동한 17세기 초부터 20세기 중반까지의 시기를 의미한다. 반면, 포스트모던 세계는 20세기 후반에 기술의 소형화와 디지털화와 함께 등장하기 시작한 첨단 기술에 기초하는 다문화 문명이다.

오늘날 우리는 충분한 비용만 있다면 거의 모든 지역을 여행할 수 있다. 우리는 지구 반대편에서 발생하는 일들을 고화질 TV로 생생하게 접할 수 있다. 우리는 컴퓨터를 통해 다른 대륙의 사람들과 서로 얼굴을 보며 대화할 수도 있다.

언제나 "보편성"과 "순수 이성"의 틀 안에서 사유했던 근대인들과는 다르게, 포스트모더니티에서, 우리가 가진 "차이"에 대한 이해는 세련되어 있고 예리하다. 우리는 이러한 "보편성"과 "순수 이성"을 주로 타인들로부터의 고립에서 파생되었으며 오늘날에는 유지될 수 없는 환상으로 간주한다.

따라서 본서는 전근대(pre-modern), 근대(modern), 포스트모던(postmodern)이라는 널리 통용되는 단순화된 시대 구분을 제시한다. 필자가 탐구하려는 것은 이러한 시대들에서 신앙과 이성의 변화하는 운명이다. 또한 필자가 탐구하려는 것은 신앙에 호의를 지닌 채 "근대성"의 극단적 합리주의로부터 거리를 유지하는 특정한 방식을 통해 전근대(근대 이전)와 포스트모던(근대 이후)이 서로 소통하는 방법이다.

필자가 주장하려는 바는 포스트모던이 근대성에서는 공격을 받았던 종교와 신학에 탈출구(opening)를 제시한다는 것이다. 근대주의자들에게는 모든 것을 마치 시계처럼 작동시키는 중심화된 힘(이 힘은 "신"일 수도 있고 "자연"일 수도 있다)의 관점에서 생각하는 경향이 있다.

그러나 포스트모던주의자들은 다르게 생각한다. 그들은 모든 것은 조화를 이루거나 혹은 중심이 없는 느슨한 네트워크 안에 모여 있다고 생각한다.

예컨대, 인터넷에서 중심, 곧 시작이나 끝이라는 것이 어디에 있는가?

근대주의자들은 지도 위에 그려진 명확한 선을 선호한다. 반면, 포스트모던주의자들의 주장에 따르면, 지도 위에 그려진 실제 영역은 훨씬 더 복잡하고 불규칙적이다.

근대주의자들은 수학적 정밀성을 묘사한다. 반면, 포스트모던주의자들은 근대주의자들에게 괴델(Kurt Gödel[1906-1978]: 체코 수학자, 논리학자-역주)의 "비결정성"(undecidability) 원리를 상기시키기고 싶어 한다.

근대주의자들은 뉴턴 역학에 만족한다. 반면, 포스트모던주의자들은 아인슈타인의 상대성 이론과 양자론의 역설들을 제시한다.

근대주의자들은 모든 것이 규칙에 결속되어 있다고 생각하기를 좋아한다. 반면, 포스트모던주의자들은 공식화되지 않는 것과 프로그램화되지 않은 것을 좋아한다.

근대주의자들은 세계를 하나의 질서(cosmos)로 생각한다. 반면, 포스트모던주의자들은 세계를 조이스(James

Joyce[1882-1941]: 아일랜드 작가-역주)의 말에서 차용한 조그마한 "혼돈 속의 질서"(chaosmic: '혼돈'을 뜻하는 'chaos'와 '질서'를 뜻하는 'cosmos'를 결합한 명사 'chaosmos'의 형용사처럼 만든 용어-역주)와 같다고 생각한다.

간단히 말해, 오늘날 우리는 불규칙성, 차이, 다원성, 관점의 다양성을 좀 더 분명하게 이해하고 있는 것이다.

포스트모던 비평가들은 포스모더니티의 "상대주의"(relativism)가 우리를 위협한다고 생각한다. 반면, 필자의 주장에 따르면, 문화의 포스트모던적 전회를 통해 종교와 신학이 새로운 목소리를 얻었고, 또한 이 목소리가 사람들에게 들려질 수 있는 기회가 생겼다.

근대성은 세속주의(secularism)와 종교 비판에 천착(穿鑿: 파고들어 연구하다-역주)하는 경향을 보였다. 그리고 이러한 경향은 "신의 죽음"(the death of God)이라는 니체(Friedrich Nietzsche[1844-1900]: 독일 철학자-역주)의 선언에서 극에 달했다. 반면, 흥미롭게도 포스트모더니즘은 후기-세속(post-secular)이라는 경향을 보이며 "신의 죽음 이후"에 등장한다.

후기 근대성(19세기와 20세기 초기)에서, 근대 과학의 모든 세력들이 종교에 대항해 연합했고 종교의 종말을 예측했다. 이러한 세력들에 포함된 것은 (당시에는) 새로웠던 "심리분석" 과학, 경제학, 성경에 대한 역사적 탐구였다. 강력하고 세속적인 민주정치 체계의 등장도 그러한 세력들에 포함된다.

그런데 포스트모더니티에서는, 그러한 후기 근대성에서 혹독한 공격을 받았던 종교가 다시 한 번 기지개를 켜게 되었다. 포스트모던 이론의 주요한 영향력 덕분에, 우리는 다음과 같은 주장, 곧 모든 것을 설명하고 또한 모든 것을 자신 안으로 환원시키는 비역사적이면서도 매우 중요한 거대담론이 존재한다는 주장을 의심하게 되었다.

만일 이러한 주장을 의심하는 것이 무언가를 암시한다고 가정해 보자. 그렇다면 포스트모더니즘은 앞에서 언급한 것과 같은 모든 종류의 "환원주의적" 주장에 저항하는 것을 의미한다. 이러한 저항이 의미하는 바는 순수 이성이라는 명목으로 종교를 공격하는 것이 포스트모던 이론에서는 약화된다는 것이다. 그 이유는 순수 이성이 터무니없는 관념으로 간주되기 때문이다.

순수 이성이라는 것은 없다. 다만 여러 다른 상황들 속에서, 좋든지 나쁘든지를 막론하고, 다수의 타낭한 이싱들(reasons)이 있을 따름이다. 그 각각의 이성은 자신에게 맞는 독특한 상황과 밀접하게 연관된다.

"계몽주의"의 순수 빛과 소위 "암흑시대" 사이에는, 사물들의 분위기와 모호함을 더욱 소중히 여기는 포스트모더니즘의 음영(shadings), 미묘한 차이(nuances), 명암(Chiaroscuro)이 있다. 순수 시각과 맹목적 신앙 사이에는 필자가 "~로서 보는 것"(seeing as)으로 규정한 "해석학적 관점"(hermeneutic perspective)이 있다. 포스트모더니티에서, 우리는 "이성"이란 항상 '~로서' 보는 것이라고 주장한다. 반면, 우리는 신앙이 ~로서 '보는 것'의 한 방식이라고 주장한다.

따라서 이성 그 자체가 뭔가 다양성하고 유연한 것을 의미한다는 단순한 이유만으로 "종교"를 "비합리적"이라는 근거로–마치 이러한 용어들이 오직 한 가지 것만 의미하듯이–퇴출시키는 것은 더 이상 "합리적"이지 않다.

우리가 "신앙"과 "이성"이라는 단어들의 분위기와 복잡성을 인식하게 되면, 우리는 신앙과 이성의 해묵은 갈등을 완전히 새로운 관점에서 볼 수 있다.

해석학적 관점에 따르면, 신앙은 틀(frameworks), 언어, 패러다임 안에서 살아가는 것을 의미한다. 그런데 신앙의 이러한 타당성(validity)이 확고부동한 것은 아니다. 다시 말해, 이러한 타당성은 수정될 필요가 있을 뿐만 아니라 수정되어야만 한다.

마찬가지로, 이성은 특정 상황의 요구에 대비하는 방식들의 복잡한 집합을 의미한다. 또한 이성은 상황, 다양한 목소리 그리고 다양한 관점들에 접근하는 여러 가지 방식이 있다는 인식을 의미하기도 한다. 모든 이성은 자신만의 신앙을 가지고 있으며, 모든 신앙은 자신만의 이성을 가지고 있다.

물리학, 정신분석학 혹은 경제학이 종교를 "퇴출"시키거나 환상이라고 표명하는 데에 사용될 수 있는 경우는 그것들에게 절대적으로 비역사적인 자격이 주어질 때이다. 이러한 자격은 물리학, 정신분석학, 경제학이 자신들의 방식에 의해 합리적으로 정당화되는 모든 것을 뛰어 넘는 자격이다.

포스트모던의 관점에 따르면, 종교 안에서 무엇인가 드러나고 있는데, 이것은 다른 영역에서는 드러날 수 없는 것이다. '신학'과 '종교에 대한 철학적 연구'가 그것이 무엇인지 분별하려고 한다.

필자는 이러한 다양한 관점들에 기초해서 종교 그 자체가 다양한 현상이라고 또한 주장한 것이다. 필자가 이러한 주장을 펼친 이유는 "종교다원주의"라는 문제를 제기하는 종교적 관점들의 다양성 때문만이 아니라 후기 프랑스 철학자 데리다(Jacques Derrida[1930-2004]: 프랑스 철학자—역주)가 "종교 없는 종교"(religion without religion)라고 명명했던 것 때문이기도 하다.

데리다가 "종교 없는 종교"라는 문구를 통해 의미했던 바는 종교의 "비-독단적 반복"(non-dogmatic repetition)이다. 여기서 말하는 종교는 하나의 특정한 종교적 구조로서의 종교를 뜻한다. 이 구조는 어떤 "고백" 종교들, 즉 구체적이며 역사적인 종교 전통들로 결코 축소될 수 없는 구조이다.

따라서 본서는 논의의 정점에 이르러서 기독교의 거장인 아우구스티누스와 포스트모던의 거장인 데리다의 "종교"에 대한 애정 어린 비교를 수행한다. (만일 독자들이 본서를 읽으면서 아우구스티누스와 데리다 모두를 사랑하게 된다면 필자의 목적은 이루어지게 될 것이다!) 이러한 비교는 삶의 중심에 위치한 일종의 근원적 "신앙"뿐만 아니라 심지어 "기도"의 삶을 드러낸다. 이것은 고백적 신앙의 양식을 취하거나 기도서를 사용할 필요가 없는 것이다.

이러한 "종교"는 인생의 근원적 신비(elemental mystery)에 귀속된다. 현대 과학, 즉 누구도 이해할 수 없는 우주의 광대함과 양자 세계의 미세한 현상들에 관한 현대 과학에서 진행되는 어마어마한 발견들은 이러한 신비를 위협하지 않고 오히려 그것을 오늘날 더욱더 위대하게 만든다.

근대 초기에, 파스칼(Blaise Pascal[1623-1662]: 프랑스 수학자, 철학자, 종교 사상가-역주)과 쿠자누스(Nicholas of Cusa[1401-1464]: 독일 수학자, 철학자, 사학자-역주) 같은 종교 사상가들은 신비에 대한 이러한 관점을 인식하고 있었다.

데리다에 관하여 매우 도발적인 사실은 그가 기도하는 사람이라는 점이다. 일반적인 기준에서 볼 때, 데리다는

"무신론자"이다. 즉, 그는 문자 그대로 특이하고 유별난 방식으로 신학을 "반복하는" 사람이다.

본서의 제목이자 주제인 '철학과 신학'은 우리가 난해한 신비(intractable mystery)를 추구하는 과정에서 우리와 동행하는 여행자라고 볼 수 있다. 여기서 말하는 난해한 신비란 태고적부터 철학과 신학을 움직여 온 신비이다. 비유하자면, 이 신비는 철학과 신학이라는 연인들이 수세기 동안 다투어 오는 내내 존속해 온 신비이다.

필자는 이러한 신비를 "인생의 열정"(the passion of life)이라고 명명한다. 여기서 말하는 열정이란 이러한 신비에 직면하여서 우리가 우리의 삶을 위해 갖는 열정, 즉 우리의 삶이 존재한다는 열정이다. 필자는 이러한 열정이 기도와 종교의 소재라고 주장한다. 여기서 말하는 "종교"와 "기도"가 전통적인 의미로서의 종교와 기도인지 아닌지에 상관없이 말이다. 이러한 신비 안에 열정이 있으며, 이러한 열정 안에 철학과 신학의 삶이 있다.

인생의 열정을 나루는 본서가 한국 독자들에게 소개될 수 있기에 필자는 그 어느 때보다 기쁘다.

2015년 12월 19일

목차

추천사_ 이승종 박사: 연세대학교 철학과 교수 / 5
_ 이경직 박사: 백석대학교 신학대학원 조직신학 교수 / 5
『포스트 모던 시대의 철학과 신학』을 위한 칭송
_ 토니 존슨(『거룩한 길』[The Sacred Way]의 저자) 외 8인 / 6
한국어판 서문: 인생의 열정 / 12

서론 / 23
1장 신학 "그리고" 철학 / 25
2장 전근대에서의 철학과 신학과의 관계 / 37
3장 근대 시대의 철학과 신학: 철학과 신학의 분리 / 56
4장 계몽주의 비판하기 / 82
5장 포스트모던: 해석학적 전회, 언어적 전회,
        혁명적 전회, 포스트모던적 전회 / 98
6장 철학과 신학의 관계를 "그리고"에서
   "~로서 보는 것"으로의 전환 / 111
7장 아우구스티누스와 데리다 / 125
8장 철학과 신학과의 관계: 인생의 열정 / 146

역자 후기 및 해제 / 159
부록 / 230

서 론

 항상 필자에게 남아 있는 글귀는 젊은 니체가 다음과 같은 상황을 마음에 그리고 있었던 것이다. 옛날 우주의 먼 구석에 있는 작은 별에 현명한 작은 동물들이 그들 스스로 진리와 선성(goodness)과 같은 자랑스러운 낱말들을 만들었다. 그러나 곧 그 작은 별은 차가워졌고 작은 동물들은 소멸했으며 그들이 자랑스러워하는 낱말들도 사라졌다. 그러나 발을 헛디디지 않고 그 우주는 또 다른 호흡을 내쉬며 끝없는 하늘을 가로지르는 우주적인 춤을 추면서 이동했다.

 니체는 우리의 운명을 묘사한 것인가?

 우리가 이런 곳에 있다고 누가 아는가?

 혹은 누가 돌보는가?

 하나님을 신앙하는 것이 이러한 공포의 장면에서 단번에 우리를 구해 주는가?

혹은 이러한 장면은 최종적 진실로 확고하게 확립되었기 때문이 아니라 유령과 같은 신앙을 괴롭히며 위협할 가능성이 남아 있기 때문에 불가피할 수밖에 없는가?

그리고 이러한 섬뜩한 장면이 끊임없이 신앙을 위협할 때 이 장면은 전체를 보지 못하고 단지 부분적으로만 보는 신앙을 신앙으로 확립하는 데 실제로 도움을 주는가?

이러한 물음들은 필자에게 철학과 신학의 문제가 제기한 방식, 즉 두 가지가 동시에 제기한 방식이기도 하다. 철학과 신학은 필자에게 수세기에 걸쳐 그 둘의 역사를 구성하는 일종의 끊임없는 경쟁과 협력 속에서 서로 얽혀 의사소통하는 가운데 항상 겹쳐 있었다. 철학자들과 신학자들은 "궁극적인 것," 즉 우리가 자문해 볼 수 있는 가상 심도 있거나 우리에게 계속 부과되는 더 나은 물음들을 시도한다.

철학자와 신학자들은 매우 불안정한 사람들, 다시 말하면 이 같은 물음들에 의해 몹시 놀라워했던 사람들이며, 우리 삶의 외부와 내부의 공간을 탐구하는 것과 관련한 사람들이다.

철학자와 신학자는 때때로 시기하며 경쟁하고 때때로 협동하며 여러 해 동안 일종의 연인과 다투는 행위를 하면서 많은 동일한 영역, 곧 하나님과 윤리, 인간의 기원과 운명에 몸담으며 다른 쪽에게 경계하는 눈빛으로 나아간다.

1장
철학 "그리고" 신학

 필자는 서양 사상과 문화에 등장하는 커다란 두 개의 거인, 즉 "철학 그리고 신학"이 대치하는 상황, 곧 경쟁과 협력 두 가지 속에서 가장 중요한 말이 "그리고"라는 것을 주장함으로써 이런 논증을 시작한다. 이것이 필자의 입장에서 비겁한 행동, 즉 두 명의 큰 거인이 방으로 성큼 성큼 걸어갈 때 뒷문으로 몰래 빠져 나가려는 소심한 시도처럼 보일지 모른다. 하지만 필자는 이런 곳에 있다. 필자가 할 수 있는 다른 것은 없다. 모든 것이 "그리고"에 달려 있다.

 때때로 "그리고"는 서로에게 속한 두 가지의 행복한 연합을 표현한다. 이런 상황은 목회자가 "나는 이제 여러분에게 남편 '그리고' 아내됨을 선포합니다"라고 말할 때처럼 서로에게 의미이고 또한 결합되었음을 드러낸다. 그러나 때때로 "그리고"는 도전적 자세를 취하고 우리의 얼굴을 대면하며 바라보고 "나는 철학 그리고 신학이 동일한 방에 함께 있을 수 있는지 여러분에게 도전합니다"라고 말한다.

그렇다면 이런 제목은 오히려 연방정부 예산을 토론하기 위해 모인 "민주당원 '그리고' 공화당원"을 말하는 것처럼 들린다. 이때의 "그리고"는 부부가 결국 이혼 법정에 서게 될 것인지를 바라보는 일종의 "그리고"처럼 분명 감정적 불꽃의 시작과 싸움의 사례가 될 것이다.

우리가 매번 "그리고"라고 말할 때 그것은 "반대"(against)나 "대결"(versus)을 의미하게 된다. 그래서 우리는 싸우려고 한다. 레리 킹(Larry King)이 다음날 자신의 토크쇼(Show)에서 게이(gay)의 결혼에 대해 토론하려고 논쟁적인 자유당원들 "그리고" 보수당원들이 참여한다고 말한다면, 우리는 많은 논쟁을 기대하며 채널을 맞출 것이다.

"그리고"는 행복한 결혼 아니면 불행한 결혼을, 결혼 아니면 전쟁을, 오랜 두 친구의 조용한 명상적 대화 아니면 고함치며 싸우는 TV 토크쇼를 의미할지 모른다.

우리는 철학과 신학이 분리된 길로 가도록 권해야 하나?

함께하는 것은 생각조차 하지 말아야 하는가?

우리에게는 할 일이 많다. 우리는 철학자와 신학자들이 서로에게 단절된 자신의 영역에서 무엇을 해야 하는지 아이디어를 얻어야 할 뿐만 아니라, 이런 무리한 요구와 더불어 사소해서 주의를 기울이지 않으면 쉽게 놓쳐버리는 "그리고"를 포함시켜 그들 서로가 어떻게 의사소통해야 하는지 결정해야 한다. 왜 그렇게 두려워하는가?

우리가 걱정해 왔던 것은 철학자들과 신학자들 간의 뿌리박힌 영역 다툼이다. 그들이 인간 삶의 궁극적 의미에 대해 중첩된 물음을 제기하지만 그들은 다른 방향에서 접근한다. 신학자들은 신앙 공동체에 속해 있다. 그들의 작업은 "신앙교리"나 "계시의 내용"을 통해 성경의 말씀뿐만 아니라 여러 시대에 걸쳐 신앙심이 깊은 자들이 전수해 온 공동 신앙을 숙고하는 것이다. 우리는 심지어 이런 것을 실질적 신학의 정의로 받아들이고, 신앙 공동체가 그 역사의 과정에서 존재했던 공동 신앙을 생각하고 탐구하고 분류하고 개념화해서 개정하는 자리에 위치한다고 받아들일 수 있다.

이런 이유 때문에 신학이 다양한 유형을 가지며 다수의 신학들이 존재한다. 어떤 신학은 보수적이고 더욱 고립적이며 신성한 말씀을 가능한 한 열정적으로 지키는 데 온 힘을 다하며, 철학과 같이 세속적으로 사유하는 방식에 익해 너무 많이 오염되는 것을 기피한다. 어떤 신학은 진보적이며 세상과 대화 속에서 예전의 믿음을 계속해서 다시 생각하고 그것을 주변의 문화, 특히 철학과 "상관관계를 형성한다."[1]

그러나 철학자는 자신을 신앙 공동체의 대리자로 생각하지 않으며, 자신의 작업을 자신 외에 어느 누구에게도 보고하지 않을 뿐더러 자신을 좀 더 독립적인 무리와 자유로운 직업인으로 생각하며 또는 그렇게 말한다.

철학자들은 철학이 아래로부터(그 토대부터) 위로의(첫 원리들까지) 모든 방식의 이성이라고 주장한다. 그들은 자신들이 보편적인 인간의 상황과 사물 일반의 의미와 구성 그리고 그것들의 근본적이고 궁극적인 "무엇"(what)과 "왜"(why)에 대한 의미와 구성에 대해 논의하고 있다고 주장하며 건전한 논리와 건전한 관찰만을 근거로 하여 어떤 외부적인 권위에 의지하지 않고도 그렇게 할 수 있다고 주장한다.

---

[1] 이것은 폴 틸리히가 만든 "상관관계"(correlational)와 "비상관관계"(non-correlational) 신학들 간의 기본적 구별이다. 상관관계 신학은 하나님의 존재와 인간의 관계 혹은 조화를 확립하려고 하는데, 이곳에서 하나님은 항상 우리를 위한 하나님(God-for-us)이며 우리는 항상 하나님을 위한 우리(we-for-God)이다. 이곳에서 하나님의 말씀은 신학자가 현 상황에서 제기하는 물음에 답하며 신학은 변화하는 요구와 새로운 물음들 하에서 끊임 없는 재공식화(reformulation)을 경험한다. "비상관관계" 신학들은 초월, 하나님의 전적 타자성, 그리고 하나님의 말씀이 세속적 제도와 철학의 세속성(worldliness)에 전달하는 무시간적 충격을 강조한다. 상관관계 신학에서 우리는 말씀을 받기 위한 조건을 구비해야만 한다. 반면에 비상관관계 신학은 우리가 준비가 되어 있든지 않든지 그것을 좋아하든지 않든지 말씀이 무조건적으로 "선포"되는 것을 강조하는 칼 바르트의 신학처럼 "선포적"(kerygmatic)이다.

여러분이 아는 바와 같이 철학과 신학은 많은 동일한 영역(예컨대, 둘 다 하나님과 선한 삶, 인간 존재에 대한 의미가 무엇인지에 관한 물음들에 관심이 있다)에서 서로 다른 중요한 방식을 가지고 주장하지만, 이러한 다른 방식으로 동일한 영역의 협력 가능성을 배제하지 않기 때문에 그 둘 사이에 경합과 갈등이 있다. 철학과 신학 모두는 우리가 (처음에-역주) 시작했던 니체의 수수께끼에 관해 말한다.

철학자들은 철학을 한다는 것이 냉철한 관찰자가 되는 문제이며 어느 정도 논리적인 머리를 가져야 하는 문제라고 말한다. 그들은 샌프란시스코에서 싱가포르까지 살고 있는 사람은 누구나 다 철학을 해 볼 수 있다고 말한다.

많은 진보 신학자들은 자신들의 신학이 모든 사람에게 메시지를 전달하고 대중적이고 보편적인 신학이 되기를 원할지라도, 신학은 여러분이 구체적으로 설명하려고 하는 특정 종교적 전통을 가지고 있다는 것을 전제한다.

이것이 신학과 철학을 구분하는 일반적 방식이며, 우리가 여기에서 다루려고 하는 것들 중 한 가지는 이런 일반적인 설명이 어떻게 실제로 잘 드러나는지를 점검하는 것이다. 예컨대, 서양철학자들은 서양 사람에게 주로 관심이 있으나 비서양적 전통과는 현저하게 다른 죽음과 개별성에 관한 서양적 내용을 말하려는 경향이 있다.

철학자들 역시 자신들을 속이고 있지 않은가?

철학자들에게 자신들이 가지고 있음에도 깨닫지 못하는 지지 기반이 실제로 있는가?

철학자들은 항상은 아니지만 불가피하게 어떤 공동체를 위한 대변자로 봉사하고 있지 않는가?

그 증거로 신학자들이 보고하는 교회를 가진 것이 사실인 것처럼, 철학자들은 더 이상 토론을 하는 고대의 광장(등록금 무료)에 돌아다니지 못하기 때문에 자신들이 현재 거주하고 있는 대학에 어느 정도 보고해야만 하는가?

만일 우리가 철학적이고 신학적인 사유를 두 개의 다른 사유의 행위나 양태로 혹은 모든 전인적 삶의 두 개의 다른 차원으로 간주한다면 사유하는 신자(a thinking believer)나 믿는 사유자(a believing thinker)가 될 수 있는 사람, 즉 배우며 신앙을 가진 사람을 배출하면서 동일한 머릿속에 행복하게 함께 거주하는 두 개의 행위들을 상상할 수 있다.

종교철학자와 철학적 신학자에 대한 많은 예들이 있다. 몇 가지만 거론하자면, 그것은 강한 신학적, 철학적 전통들, 즉 기독교 지성인 혹은 유대교 지성인, 이슬람교 지성인을 낳은 전통을 가진 종교적 공동체들 속에서 항상 발생한다. 그런 종류의 일이 천 년 동안 계속되었다. 종교사(The history of religion)는 분명 이 같은 사람들로 가득 차 있다.

비록 18세기 이후로 무신론이 많은 지성인들에게 특별한 매력을 유지해왔다는 것을 인정해야 하지만, 사실상 무신론이 서양 지성인들 사이에서 일종의 체제를 갖춘 것은 다름 아닌 18세기 이후에 불과하다.

그러나 그전에는 모든 사람이 종교적 신앙을 가지고 있었으며 철학적인 것과 신학적인 것 간의 구별은 "이성"을 통해 우리가 아는 것과 "신앙"을 통해 우리가 믿는 것을 표시하고 분류하는 데 단순히 사용되었을 뿐이다.[2]

그러나 철학과 신학의 구분이 저편에 두 유형의 사람과 두 가지 다른 삶의 스타일, 곧 신앙으로 사는 신학적 삶과 이성으로 사는 철학적 삶이 존재한다는 것을 의미한다면, 우리는 쉽게 싸우게 될 것이다. 그렇다면 세상은 영원히 불화 속에 있는 것으로 보이는 두 유형의 사람으로 구분된다.

다시 말하면, 신앙의 인도함을 따라 자신들보다 더 위에 있는 권위를 믿으며, 권위와 전통에 대해 엄한 태도를 취한

---

2 실제로 종교적 생각은 어떤 사람이나 어떤 그룹, 어떤 문화가 이러한 사유를 낳는 종교적 신앙을 거부한 이후조차도 그들이 고집하는 문화의 뿌리 속에 지금까지도 남아 있다. 이것이 오늘날 우리가 자주 논쟁하는 "교회와 국가"의 배후에 놓여 있는 것이다. 우리가 사회적 합의와 세상의 상식을 받아들이는 것, 그리고 각 개인이 양도할 수 없는 권리를 소유하고 있다는 것은 우리 자신의 마음 속에 간직된 성경의 근거에서 나온 생각이다. 예컨대, 하나님이 우리 각자를 알고 사랑하신다는 것은 하나님을 믿지 않을지라도 드는 생각이다.

사도 바울이 말한 바 보이지 않는 것에 해당하는 "부분적이고," "거울을 통하여 희미하게" 보이는 것을 위해 기꺼이 인내하는(고전 13:9-12) 사람들과, 자신에게 보이는 것을 고집하고 자신의 힘과 수단에 의지하며 전통과 권위를 의심하는 사람들로 구분된다.

명칭의 분류가 상대방을 지칭한다는 것을 쉽게 알 수 있다. 신학자들은 철학자들이 자만하고 자랑과 허영심이 있다고 생각할 것이다. 반면에, 철학자들은 신학자들이 약간 어리석고 (천사와 사탄과 같은) 그들의 머리 속에 있는 존재들에 의해 방해를 받는다고 생각한다.

이런 싸움은 바로 철학이 시작되는 때부터 발생했으며 그곳에서는 고대의 종교적 신화를 벗어나는 방식으로 초기에 나타났다. 철학자들은 소크라테스를 물론 그가 하늘에서 그들을 지켜보는 존재는 아니지만 자신들의 수호성인, 세속 성인의 구성원 중 한 명으로 여긴다.

소크라테스는 덕이 무엇인지를 찾아 귀족이나 천민 모두에게 질문하기 위해 아테네를 돌아다녔다. 그는 그 자신이 그 대답을 아는 체하지 않았다. 그러나 그가 그 대답을 찾는 과정 속에서 그 대답을 알고 있다고 생각하는 사람들은 자신들이 알지 못하는 것들을 그가 보여주었을 때 달갑지 않았다.

여러분이 상상할 수 있는 것처럼 이런 직업의 선택은 소크라테스에게 치명적이었다. 아테네 사람들은 유명한 재판 후에 그가 그들에게 야기했던 모든 혼란을 사형집행(고발?)으로 그에게 보복했다. 소크라테스는 젊은이들을 타락시키는 무신론자였다. 철학자들은 사형집행의 형량과 그가 무보수로 가르친 사실을 제외하고서는 그를 따르려고 했으며 그를 매우 존경했다. 그들은 소크라테스가 몰두한 문제의 일부는 전통 종교에 대한 믿음과의 충돌이었다고 생각했다. 독자적으로 생각하기를 좋아하고 혼란을 주는 많은 질문들을 던지는 사람들을 신학이 문젯거리로 낙인찍는다는 사실을 경고하기 위해서 그들은 소크라테스를 재판에 회부했으며, 훗날에는 갈릴레오를 재판에 회부했다.

신학이라는 낱말은 많은 철학자들의 이의를 용인하지 않는 비합리적이고 독단적인(dogmatic) 믿음의 체계를 의미한다. 20세기 독일 철학자 마르틴 하이데거(Martin Heidegger)가 언급한 다른 어떤 것에 동의하지 않는 많은 철학자들도 "기독교철학"이란 생각, 곧 믿는 사유자와 사유하는 신자에 대한 생각은 둥근 사각형[3]이라는 그의 말에 동의할 것이다. 하이데거 입장에서 여러분이 신자라면 사유한

---

[3] 둥근 사각형은 본래 독일어 ein hölzernes Eisen의 표현(Martin Heidegger, Einführung in die Metaphysik in *GA* 40, 9)인데 영어식 표현과 동일한 의미인 a round square로 번역한 것이다—역주.

일에 대해 초기에 은퇴를 결정해야만 한다.

여러분은 소크라테스가 제기했던 그런 물음에 대한 답을 이미 가지고 있어서 이런 게임를 할 수 없다고 생각한다. 여러분이 하는 어떤 철학은 단지 여러분의 게임, 곧 여러분이 하고 있는 게임과 같다. 왜냐하면, 여러분이 실제적인 답을 신학에 의존(sleeve)하고 있기 때문이다. 여러분은 그 답을 가지고 출발하며 여러분은 그 답을 처음부터 가기를 원하는 곳으로 여러분을 데려다 줄 증거에 맞추려고 할 것이다.

그런데 그것은 순수 "논증"이나 형식적 "증거"에 의존하며 여러분이 순수 "이성"을 따르고 있다는 생각을 위협하는 것이다. 사람들이 강한 믿음으로 견지해왔던 "근본적인 문제"에 대한 철학과 신학의 뜨거운 쟁짐의 주제에 이르면, 그들은 남의 말에 상관하지 않고 오히려 자신들의 직감으로 설명할 수 있는 증거를 찾으려고 한다(좋든 싫든 간에 철학과 신학의 특징 중에 하나는 논증들이 계속해서 이루진다는 것이다. 어떤 익살꾼이 설명했듯이 "철학"은 "대답할 수 없는 질문"을 의미하며 "신학"은 "질문할 수 없는 대답"을 의미한다).

그러나 신학자들 사이에서 소크라테스 자신을 추종하는 사람이 없는 것은 아니다. 그들은 소크라테스가 말한 바처럼 "탐구되지 않는 삶은 살 가치가 없다"라는 말에 동의한다. 그들은 종교적 믿음이 질문을 제기하지 못하게 하는 것이 아니라 반대로 우리 존재의 심연을 드러낸다고 생각한다. 그리고 종교적 신앙은 끊임없는 일련의 숙고와 우리가 얼마나 무지한지에 대한 겸손한 고백으로부터 나오는 일생의 탐구를 하게 한다.

소크라테스에 대해 철학자들이 조금 더 많은 관심을 가질 만한 것으로 신학자들이 그를 칭찬하는 것 중의 하나는 그가 자신의 무지와 한계에 대해 얼마나 심도 있게 확신했는지 그리고 자만심의 죄에 대항하여 어떻게 건전한 경고를 했는가 하는 것이다.

소크라테스 이후 많은 세기가 지나 쇠렌 키에르케고어는 자기 삶의 작업을 "기독교의 소크라테스"가 되는 것이라고 간주했다. 그는 19세기 덴마크에서 자신의 상황이 매우 소크라테스적이라고 생각했다. 그는 소크라테스가 참된 덕을 추구했던 방식처럼 참된 기독교인이 되는 것이 무엇을 의미하는지 모색했다. 그리고 그는 자신의 주변 세계가 기독교적이라고 인정받지만, 기독교인이 된다는 것이 실제로 신약성경을 따르는 것을 의미하지 않고 립서비스에 불과하다면, 냉혹한 진실은 기독교적이 아니라고 생각했다.

그래서 기독교 사상가로서 키에르케고어는 실제로 "기독교적"이지만, 자신이 "기독교국가"(Christendom)의 착각이라고 불렀던 것을 바로잡는 일을 자신의 의무로 여겼다.

그는 이런 강단에서 주교로 임명될 것 같지 않았다. 그는 실제로 자신이 기독교인처럼 행세하지 않았으며 기껏해야 기독교인이 되려고 노력하는 사람이라고 말했다.

사실상 이런 사람은 철학에서 "필리아"(philia)라는 낱말이 의미하는 바, 즉 큐피트의 화살에 꽂힌 사랑하는 사람, 지혜를 향한 애정 깊은 탐구를 하는 사람이다. 키에르케고어는 그런 점에서 마치 소크라테스가 지혜를 탐구하는 방식처럼 기독교인이 되려고 탐구하면서 매우 소크라테스적이었으며 철학적(philosophical)이었다.

키에르케고어와 소크라테스는 둘 다 철학자이다. 그들의 차이점은 지혜가 그리스도 안에서만 궁극적으로 발견된다는 것이 키에르케고어의 신앙에 놓여 있는 반면 소크라테스는 그 지혜가 그리스의 폴리스(polis) 안에 구체화된 삶의 형식 속에서 발견될 수 있다고 생각했다는 점이다.[4]

물론 이런 차이점들이 큰 차이점을 만들 수 있으며 그것들을 과소평가하는 것은 좋지 않다. 그러나 우리가 어떻게 그들이 서로 의사소통할 수 있는지를 보는 것이 또한 중요하다.

---

4 폴리스는 주권 국가의 정치적 상태를 지닌 자유로운 그리스 도시였다. 각 도시는 그 도시의 특징적 문화와 그 도시를 수호하는 신들, 삶의 전형적인 형식, 그리고 어머니의 자궁처럼 시민 각자를 형성했던 전형적 덕들, 곧 스파르타에서는 용기를 아테네에서는 지혜를 가지고 있다.

2장
전근대에서의 철학과 신학과의 관계

이 작은 본서를 진행하면서 필자에게 더욱 용기가 필요한 두 번째 주제는 철학과 신학에 발생하는 논쟁의 경향이 근대성(modernity)으로 인해 악화되었다는 것이다. 비록 매우 넓은 시대구분이라는 점에서 약점이 클지도 모르겠지만 근대성은 대략 17세기(근대 과학의 기원)에서 20세기 초기까지의 기간을 말한다.

근대성의 경향은 이성(또는 이성이 이 시대에 큰 위세를 떨치고 있었다)이 독립할 수 있었으며 이성이 혼자 힘으로 생각하고 일할 수 있다고 주장한다. 이성은 자율적이고 성숙하다. 이 말이 뜻하는 바는 근대성에서는 "신앙"과 "전통" 그리고 "권위"와 같은 낱말들이 비난받는다는 것을 의미한다. "감히 알려고 해라"(*sapere aude*: 사페르 아우데), "감히 너의 머리를 사용해라," "감히 성숙해라"는 말은 근대의 좌우명이다. 만일 이런 좌우명이 이성에 대한 근대(modern)의 생각을 십대처럼 소리를 낸다면, 그것은 우연이 아니다.

"계몽이란 무엇인가?"라는 질문에 답할 때, 이런 좌우명에 호소했던 임마누엘 칸트에게 그것은 지적인 성숙이었다. (근대성에서 주요한 원동력인) 계몽은 서양이 성숙했던 시대를 의미하며, 이것은 마치 대학에서 집에 온 18살 먹은 애가 부모님께서 주신 돈을 계속 받으며 감사하다고 하지만, 부모님의 사고가 얼마나 시대에 뒤지고 편협한지를 생각하며 부모님의 충고를 항상 받아들이지 않을 수도 있다는 것을 자신의 부모님에게 맨 처음에 말하는 것과 같다.

근대성은 근대적 현상일지 모르지만 그 구체적 장면은 그렇지 않다. 고대 그리스 극작가 아리스토파네스(Atristophanes)가 "구름"(Clouds)이라고 불려지는 희곡을 썼다. 그 희곡 작품은 또한 소크라테스를 조롱하였다. 만일 여러분이 특히 여러분의 부모님에 반대하는 논증들을 찾으려고 한다면 여러분은 때때로 그 작품을 살펴보아야 한다.

좀 더 강한 필자의 두 번째 주제, 즉 철학과 신학의 행복한 혼인에 대한 분위기와 관련하여 긍정적인 의미에서 철학과 신학 사이에 있는 "그리고"는 근대 과학과 근대 정치적 성향이 그 분위기를 전환시키지 전까지 전근대적(premodern) 세계에서 훨씬 더 좋았었다.

일반적으로 말해서, 때때로 "신앙의 시대"라고 불려졌던 이 시기에는 오늘날 과학처럼 신학은 최고로 영예로운 담화였다. 신학은 "모든 학문의 여왕"이라 불려졌으며, 그것은 마치 오늘날에 "과학이 증명해주었다…"라고 말문을 열면 방에 있는 모든 사람들을 침묵하도록 만드는 것처럼, 상대방의 말문을 막는 발언, 즉 궁극적 권위가 되었다. 왕족이 말할 때마다 나머지 우리는 주눅든다.

그래서 여러분이 근대성에 대해 생각하는 것이 철학과 신학에 대해 여러분이 듣고 있는 많은 논증의 근본을 이루고 있다. 비록 필자가 근대성에 반대하는 어떤 예리한 것들을 말하려고 할지라도, 우리가 전근대적 질서를 어떻게든지 회복하려는 것을 지지하려는 마음은 없다.

전근대는 근대성의 많은 실패로부터 벗어나 있지만 또한 전근대는 우리의 "근대 민주주의"의 본능에 거슬리기도 한다. 전근대는 사건들 가운데 깊은 위계적 상명하달의 질서가 있다는 생각에 모두 기꺼이 동조하던 시대가 있었다.

즉, 하늘과 위에 계신 하나님 그리고 땅과 아래에 우리, 위에 왕들과 여왕들 그리고 아래에 보통 사람들, 위에 사제들과 아래에 일반성도들, 위에 남자들과 아래에 여자들이라는 생각에 모두 기꺼이 동조하던 시대가 있었다.

어떻게 이런 하나님에 대한 생각이 전(pre)코페르니쿠스적인 상상력과 관련되는지를 주목하라. 그리고 마침내 신학은 위에 있으며 여왕을 위한 "시녀"로서 철학은 아래에 있었다. 이제 그 권력을 가진 누군가가 신학을 남용하고, 만일 혹자가 절대적 힘이 있다면 그것을 절대적으로 남용한다는 것이 슬픈 현실이지만 사실이며, 인간사에서 거의 깨뜨릴 수 없는 원리이다.

미국 건국의 아버지들이 최선의 것이라고 생각해 낸 민주주의의적 해결책은 서로에 대해 규제와 균형 있는 시스템을 실행하는 적정한 정당들 사이에 권력을 배분하는 것과 어느 누구도 권력을 독차지할 수 없으며 어느 누구도 "짐이 국가다"(l'etar, c'est moi)라고 말할 수 없다는 것을 확신시키는 것이었다.

조지 워싱턴이 최초로 말한 바처럼 그들이 말할 수 있는 최선의 것은 자신들이 공직의 임기를 위해 선출되었으며, 마침내 자신들의 임기가 끝났을 때 자신들의 책상을 치워버리고 집으로 가야 한다는 것이다.

그러나 아무리 여러분이 문제를 해결하고 누가 그 권력을 가질지라도, 우리의 경우 철학자들이든 신학자들이든 간에, 그 권력이 부족한 누군가는 어려움에 빠질 것이다.

대략 아우구스티누스에서 고(High)중세 시대에 이르는 신앙의 시대에 신학자들이 권력을 가졌기 때문에 자신들

입장에서 철학(시녀처럼 또는 더 악하게)을 난폭하게 취급하는 경향과 이의를 제기하는 사람들, 특히 횃불을 든 "철학자들"을 위협하는 경향이 있었다.

마치 오늘날 많은 철학자들이 어떤 것을 모욕하기를 원할 때 그것을 독단적 신앙을 의미하는 신학이라고 부르는 것처럼, 신학자들은 때때로 철학이라는 낱말을 이교도 비신자를 의미하는 모욕으로 매도하여 사용했다. 이러한 모욕은 틀림없이 전근대적 세계의 부정적인 측면인데, 이것이 필자가 전근대적 세계를 원상태로 회복시키려고 논의하지 않는 이유이다.

그러나 (그곳으로 회귀하는 것을 지지하지 않고서) 필자가 그곳으로 나아가려는 이유는 오늘날에 다시 등장하여 놀랍게 유포되어 왔던 신앙과 이성에 대한 몇 가지 매우 흥미롭고 분별력 있는 것들에 대해 그 시대의 전성기에 위대한 신학자들이 언급했기 때문이다. 그들은 신앙을 오늘날 우리가 무언가를 배울 수 있는 특별한 빛으로 표현했다.

이런 고찰의 맨 마지막에 가서 필사는 세 번째 가능성, 즉 포스트모던을 소개할 것이다. 그 속에서 필자는 전근대가 어떤 방식에서든지 포스트모던을 예견한다는 것과 전근대와 포스트모던은 흥미롭게도 상호영향을 주고 있다는 것을 언급할 것이다. 비록 우리가 상명하달의 방식과 같은 사유로 되돌아가지 않도록 많은 예방조치를 분명하게 확립해야 하지만, 필자는 신앙이 이러한 종류의 역할을 하고 있는 것에 관해 근본적으로 올바른 무언가가 있다는 것을 논의할 것이다.

그러나 전근대에 관해 필자에게 관심을 불러일으키는 점은 그곳에서 우리가 발견할 수 있는 철학과 신학 사이의 생산적인 상호역할이다. 기독교 신학의 위대한 교리들 중에 먼저 삼위일체, 성육신 교리는 그리스 철학과 밀접한 대화 속에서 초대 교회의 시기에 성립되었다. 사도 바울은 철학이 어리석은 것이라고 언급하며 그 세계가 막을 내리고 있다고 생각했다.

그리고 사도 바울은 콘스탄티누스 대제가 기독교인이 된 이후 구체화될 세계에 대해 결코 예측하거나 심지어 꿈도 꿀 수 없었다. 그때 기독교 사상가들은 이런 세계의 지혜와 협상하기 위해 협상테이블에 앉았으며 이것은 아우구스티누스의 뛰어난 성취로 막을 내리는 하나의 과정이었다. 그리고 그의 오랜 영향력이 신학의 역사를 통해 오늘날까지 뻗어오고 있으며 그를 통해 그리스 철학자들에게 전수받은 철학적 사유의 흐름이 기독교와 서양 문화 속으로 쇄도하게 되었다.

필자는 철학과 신학이 전근대적 세계에서 협력하고 있는

두 방식의 예와 그것들 간의 차이점이 매우 유익하다는 점을 제공할 것이다.

첫 번째 예는 플라톤의 사상에서 기원한 아우구스티누스의 가르침에 현저하게 영향을 받은 안셀무스이다.

두 번째 예로는 아리스토텔레스가 매우 중요한 인물이 되었던 13세기에 속한 토마스 아퀴나스이다.

그래서 중세 시대에 신학의 두 가지 폭넓은 흐름이 두 명의 그리스 철학자 플라톤과 아리스토텔레스에 의해서 이미 구분되었다는 것은 우리에게 이미 많은 것을 말해준다.

만일 여러분이 이 둘 사이의 차이점에 대해 알기를 원한다면 "아테네 학당"(School of Athens)에 대한 라파엘의 재현을 찾아보라. 라파엘은 오른손으로 하늘을 지시하고 있는 플라톤을 묘사하고 있다. 이 그림은 참된 세계가 위에 있으며 지금 여기 아래 있는 감각 세계는 복사된 세계를 의미한다. 그리고 이런 의미가 어떤 종류의 신학에 맞다.

그러나 아리스토텔레스는 자신의 오른손을 그의 앞에 있는 땅 쪽으로 손을 뻗고 있는데, 이것은 여러분이 항상 코 밑에 있는 감각 세계로 시작한다는 것을 의미하며 신학이 수행하는 또 다른 방식의 핵심과도 같다.

루터가 일으킨 비상한 종교개혁은 이런 두 명의 그리스 철학자를 신학의 전제들로부터 제거하는 데 있었다. 그리고 그는 둘 모두가 사탄의 활동이었지만 특히 아리스토텔레스는 특별한 악마라고 주장하였다.

그러나 만일 여러분이 철학자들을 마을로부터 추방시켜 버린다면 그 결과는 불가피하게 신학이 또한 약해진다는 것이며, 여러분은 신학교의 성경 연구를 악기를 꽝꽝 연주하고 합창 연습하는 것으로 전락시킬 것이다.

종교는 신학이 필요하며, 신학자들이 자신들의 신앙에 대해 고민하게 될 때 하나님께서 그들에게 그렇게 말씀하셨다는 것을 우리들에게 말하는 것 이상의 어떤 것을 하려고 한다면 철학이 필요하다.

중세 시대의 위대한 신학자들은 철학과 신학의 친밀한 관계성을, 한 쪽은 다른 한 쪽에게 추정들을 다시 생각해보도록 부추기는 경향으로 인해 양쪽은 서로에게 자양분을 준다고 이해하였다. 그래서 어느 한쪽이 다른 한쪽을 악마의 일이라고 부르며 자신들만이 천사의 말을 하는 것처럼 혼자 힘으로 하려는 것은 정말 좋은 일이 아니다.

필자는 안셀무스의 유명한 "신존재 증명"을 잘 알고 있다. 그리고 이 신존재 증명은 종교철학의 담화에 사용된 모든 선집들 가운데서 발견된다. 철학자들은 이런 심도있는 신학적 성찰을 "존재론적 논증"이라고 딱지를 붙였으며, 이 논증은 하나님의 관념(idea)에 대한 의미로부터 하나님의 존재를 증명하려고 노력한다는 것을 의미한다.

안셀무스는 하나님에 대해서 우리 모두는 그것보다 어떤 것도 더욱 위대한 것이 인식될 수 없는 존재(a being than which no greater can be conceived)를 의미한다는 것에 동의할 수 있다고 말한다.

왜냐하면 하나님보다 더 위대한 어떤 것이 존재하다면 하나님이 되실 수 없기 때문이다. 그러나 만일 어떤 것이 단지 우리의 지성(mind) 속에 존재하고 실재(reality) 속에 존재하지 않는다면 실재 속에 존재하는 것은 더욱 위대하다. 그래서 만일 하나님이 단지 우리의 지성 속에만 존재하고 실재 속에서 존재하지 않는다면 실제로 존재하는 어떤 것은 하나님보다 더 위대하며 이것은 하나님의 관념과 모순이다. 그러므로 하나님은 단지 우리의 지성 속에서가 아니라 실재 속에서 존재하신다.

많은 훌륭한 철학적 신학자들이 이 논증을 옹호할 때조차도 그들은 이 논증에 회의적인 것을 찾아냈다. 필자는 여러분에게 정보를 제공하기 위해 그 논증에 반대히는 자들에게 동의한다라고 말하는 것 말고는 그 논증의 오류를 분석하는 블랙홀로 들어갈 마음이 없다.

필자가 관심을 두는 것은 증명 자체에 대한 반론이 아니라 철학의 두 발로 자유롭게 입증되는 논증이라는 의미에서 "증명"으로 독해되는 것에 대한 반대, 다시 말하면 "근대적" 의미의 증명으로 독해되는 것에 반대한다는 것이다.

개신교 신학자 칼 바르트와 현대 가톨릭 철학자 겸 신학자 마리옹(Jean Luc Marion)이 논의한 바처럼, 증명을 이런 매우 근대적이고 철학적으로 다루는 시도는 오류이다. 안셀무스는 명확히 하나의 논증을 제공하고 있다. 그러나 그가 그런 논증을 제공하는 맥락은 형식적 논증이 더 큰 각본(drama)을 전적으로 지지해주기 위한 역할을 하고 있다는 것을 분명히 하고 있다.

그리고 안셀무스는 자신의 동료 수도사들에게 말하고 있다는 것, 곧 미국철학회(the American Philosophical Association)에 말하고 있는 것이 아니라 수도사들에게 말하고 있다는 것을 분명히 하고 있으며, 또한 그들의 기도와 개인적 헌신의 종교적 삶은 하나님이 매우 완전하신 존재로 그곳에 함께 있다고 하는 생각으로 인해, 바로 거기서 억제할 수 없고 흘러넘치는 그분의 완전하심에 의해 기뻐해야 한다는 것을 분명히 하고 있다.

안셀무스는 그들에게 하나님은 처음과 마지막이며 항상 존재하신다는 생각을 깨우치려고 하였다. 하나님은 알파와 오메가이시며 우리 위에 계시며 우리와 함께 계시고 우리 주변에 계시며 우리 앞에 계시며 우리 이후에도 계시고 우리 안에 계시며 우리 밖에도 계신다. 그래서 당연히 우리가 그 안에 있는 것처럼 하나님이 우리 안에 계시다고 생각하지 않는 것이 더 좋다.

다시 말하면, 안셀무스는 고대의 의례적(liturgical) 찬가가 기록한 것처럼 "그를 통해"와 "그와 함께" 그리고 "그 안에서" 자신이 살아가는 종교적 경험을 표현한 하나님의 관념을 형식화하였다. 그리고 그는 이런 독립적 구조를 갖고 있는 논증(철학)을 생각하지 않았다. 어떤 점에서 그는 이것이 (근대적 의미에서) 하나의 논증이 아니라 일상적 삶 속에서 하나님을 경험하는 사람들 모두에게 직관적으로 분명한 어떤 것을 개념화하고 해명하려는 노력임을 말하고 있다.

사실상 안셀무스가 이것을 말할 때 그는 서 있지 않고 무릎을 꿇고 있었으며, 이런 작은 추론은 자신이 신앙하는 하나님, 즉 자신에게 기도의 삶을 주신 하나님을 해명하려고 의도한 것이다. 여러분이 『프로슬로기온』(*Proslogian*)을 탐구해보면 이런 논증이 발견되는 본문에서 기도로 그것을 시작하고 있다는 것을 보게 될 것이다.

필자는 안셀무스의 접근이 광의적으로 아우구스티누스적이고 플라톤적이라고 말한다. 이는 안셀무스가 밖으로 나가는 것에 의해서가 아니라 안으로 들어오는 것에 의해서 위에 계신 하나님을 찾고 있기 때문이다.

아우구스티누스는 『고백록』(*Confessions*)에서 "처음부터 당신께서 내 안에 계셨을 때, 나는 세상 밖에서 당신을 찾았습니다"라고 말하고 있다. 이 말은 또한 그가 하나님께서 먼저 우리를 찾으셨다는 것을 바라봄으로써 하나님을 찾고 있다는 것을 의미한다.

토마스 아퀴나스는 안셀무스의 논증이 무모하기보다는 오히려 오류가 있다고 생각했다. 그는 여러분이 하나님에 대한 직관적, 직접적 지식을 가질 경우 저항할 수 없는 하나님의 존재는 직관적으로 명확하며 압도적으로 분명하다는 사실에 동의한다. 그러나 하나님에 대한 직관적이고 직접적인 지식은 영원 안에서 우리가 기다리고 있는 어떤 것이다.

반면에 여기 지상에서 우리에게 직관적이고 직접적으로 주어진 유일한 것, 그것들의 존재는 우리 주변의 세계 속에 있는 물질적인 것들이라고 생각했다. 라파엘의 그림에서 아리스토텔레스의 모습을 기억하라. 토마스 아퀴나스는 우리가 이 세계의 보이는 것들로부터 하나님의 보이지 않는 것들을 알 수 있다고 말하는 로마서 1:20을 이 그림에 추가하였다.

아퀴나스는 철학자로서 보이는 것에서 보이지 않는 것들을 생각했다. 그리고 이것이 그가 철학에 의해서 거의 의도했던 바이며 여러분은 우리의 감각에 명확한 것으로 시작하며 거기에서부터 추론한다. 여러분은 그런 식으로 하나님에게 이를 수 있지만 여러분이 도달한 하나님은 매우 빈약한 철학자의 하나님이다. 이 당시에 그들은 사물을 우리가 근대의 대학에서 교육과정을 나누는 방식으로 분리하지 않았으며, 철학은 예술과 학문(sciences)의 전(全)영역 또는 법과 의학과 신학 이외의 무엇이든지 "세상의 지식"을 의미했다는 것을 기억하라.

이것이 오늘날에도 모든 사람이 철학박사 학위를 받는 이유이다. 그러나 신학자들은 하나님으로 시작하며 하나님의 관점에서 세계를 접근한다. 비록 이런 시작과 접근(역주)이 태어날 때 그들의 영혼에 하나님이 새겨졌다는 것을 의미하지 않을지라도 말이다.

하나님으로 시작하며 하나님의 관점에서 세계를 접근하는 것은 그들이 계시로 주어진 것을 수용한 것과 그들이 은혜를 통해 믿었다는 것으로 시작한다는 것을 의미하며, 계시로 주어진 것을 수용하는 것과 은혜를 통해 믿었던 것으로 시작하는 것은 매우 강하고 튼튼한 하나님의 관념을 담고 있다. 그러므로 그들은 합리적 논증과 개념적 분석을 수단으로 하나님의 관념을 해명하기 위해서 할 수 있는 한 최선을 다해야 한다.

아퀴나스는 자신을 신학자로 여겼으며 비록 그가 그 일에 많은 철학을 사용할지라도 기독교를 믿은 사람으로 말한다. 중세철학의 모든 과정에서 발췌된 그의 주된 작품은 『신학대전』(Summa Theologia), 즉 "신학요약"이라고 불려진다. 그러나 그가 "그 철학자"라고 말할 때 그는 아리스토텔레스를 의미하려고 했다.

그러나 아퀴나스가 매우 유명하게 된 이유 중에 하나는 그가 확립한 (신앙에서 추론하는) 신학과 (감각에서 추론하는) 철학 사이의 섬세한 균형이었지만, 어느 방식이든지 이성을 사용한다. 철학은 그 철학의 능력이 희미해질 때까지 길을 따라 상당한 거리를 안내할 수 있었으며 그런 다음 신학은 그곳에서 철학의 손을 잡고 철학의 노력으로 장식한다. 은혜가 자연(nature)을 완성한다.

아리스토텔레스의 성향을 가진 기독교인으로서 아퀴나스는 우리의 본성이 죄에 의해서 상처는 입었지만 그것이 손상되었다거나 완전히 타락된 것은 아니며 우리가 필사적으로 신앙에 의존해야만 하는 것은 아니라고 생각했다. 이런 특정한 생각은 종교개혁 시기에 분노를 일으켰으며 이런 분노는 아퀴나스가 아니라 아우구스티누스에게로 돌아가는 것이다.

아퀴나스는 우리의 감각과 합리적 능력들이 하나님에 의

해서 창조되었으며, 그것들은 하나님께서 창조하신 것대로 매우 잘 작동할 수 있는 능력이 있지만 본성적인 인간의 능력들로서 제한되고 불완전하며, 이런 불완전성은 은혜에 의해서 메워져 하나님께 감사해야 한다고 생각했다.

아퀴나스는 만일 여러분이 하나님께서 창조하신 것들을 손상시킨다면 하나님의 능력을 손상시키는 것이라고 말하였다. 아퀴나스는 창세기에서 하나님께서 창조하신 것이 선하고 정말로 좋았다는 최초의 창조 이야기를 일종의 기독교 실재론 안에서 아리스토텔레스가 확신한 우리 주변의 감각 세계의 실재에 관한 의미와 연결시켰다.

아퀴나스는 세계를 플라톤적인 실재 존재자의 "복사물"이나 "모방"이라고 생각하지 않았다. 그는 세계가 그 자신의 고유하고 적합한 본유적 실재를 가지고 있다고 생각했지만 이 실재가 아무리 확고할지라도 무한하고 완전하신 하나님의 어떠하심에 대한 유한하고 제한된 판본이라고 생각하였다.

이것은 또한 토마스가 성육신의 삶에 관한 기독교인의 믿음은 질료(matter)와 육신의 삶이 이 땅에 하나님께서 도래하신 사건이 되기에는 그저 보잘 것 없는 가치일 수 있지만 계시의 입장에서는 중요한 의미를 부여해 준다고 생각한 이유이다.

토마스 아퀴나스가 어떻게 사물들을 바라보았는지에 관한 현대적인 예를 여러분에게 주기 위해서 "지적 설계"(Intelligent Design)에 대한 작금의 논쟁을 고려해 보자.

이러한 지적 설계는 인간 몸의 구성-인간의 눈이 좋은 예이다-이 너무 복잡해 무작위 추출로는 설명될 수 없어서 그 진화론적 발생이 하나님과 같은 지적인 설계자에 의해서 즉각적으로 명령되었다고 결론내려야 한다는 개념이다.

토마스 아퀴나스는 하나님께서 "제2원인"을 통해 행위하신다고, 즉 하나님께서는 친히 모든 것을 직접적으로 행하지 않는다고 말하였다. 하나님께서는 자연을 창조하시고 자연은 그 자연의 법칙을 부여 받았으며, 이런 법칙들은 어떤 방식으로든지 하나님의 존재와 영광을 반영한다.

하나님은 자연에게 (문자적이고 비유적으로) 그 자신의 공간을 주셨으며 이런 법칙에 따라 자연스런 과정이 펼쳐지도록 하셨다. 우리는 자연과학자들에게 특히 이런 자연법칙들이 무엇이며 그러므로 궁극적으로 어떻게 하나님의 영광이 그런 법칙들에 계시되고 있는지 우리에게 정확히 말하도록 남겨놓는다. 좋은 과학(science)은 무엇이든지 그 사실 때문에(*ipso facto*: 입소 팍토) 하나님의 관점에서 좋지만 우리는 그런 과학이 오도록 기다려야 한다.

선한 집행자와 같은 하나님은 자신이 창조했던 것을 세

세하게 관리하지 않으시며, 우리는 생물학이나 천문학의 모든 움직임을 감시하는 신학이 필요하지 않다. 아퀴나스의 관점에서 보자면 오늘날의 지적 설계라고 명명되는 것은 마치 자동차를 오른쪽 좁은 길목에 세우려고 핸들을 세밀하게 조정하고 있는 운전기사처럼 자연세계를 작동시키는 데 필요한 일련의 기적적(초자연적)인 간섭을 구성하는 것이다.

물론 토마스 아퀴나스는 기적을 부정하지 않는다. 그는 자연의 과정들이 일련의 기적이 일어나는 과정 속에서 유지된다고 생각하지 않았을 뿐이다. 그는 천체들의 움직임과 만일 그가 진화를 알았다면, 진화에 의한 과정처럼 자연의 과정들을 위해서가 아니라 초자연적 사건들, 곧 동정녀 탄생과 예수 그리스도께서 행하신 기적 등과 같은 성경에서 묘사된 사건들을 위해 기적들을 유지한다.

자신들의 영웅으로 아퀴나스를 받아들이고 있는 가톨릭교회가 진화에 대해 결코 병적으로 관심을 가지지 않았고 가지지 말아야 했던 것이 이런 이유 때문이기도 하다. 갈릴레오가 신학이 우리로 하여금 태양이 지구 둘레를 회전한다는 생각을 믿게 한다는 당혹스런 주장을 했을 때 가톨릭교회는 모든 과정을 경험하였다.

물론 전통적이고 더욱 아우구스티누스적인 방식으로 신

학을 하는 입장에서는 이 모든 것에 약간 실망스러운 것이 있다. 아퀴나스는 하나님의 은혜와 자연세계 혹은 일반적으로 자연의 과정들, 이 두 가지에 강력한 믿음을 가졌다. 이것이 더욱 아우구스티누스적인 전통주의자를 실망케 하였으며 오늘날 어떤 전통주의자들은 현대 무신론을 아퀴나스에게 돌린다. 물론 그들은 도미니크수도회의 수사였으며 성인이었던 아퀴나스가 무신론자라고 여지지 않는다.

그러나 그들은 ("토마스" 아퀴나스처럼) 토미즘(Thomism: 아퀴나스 사상과 그의 주장을 계승한 입장-역주)은 미끄러운 비탈길인데, 그 끝(혹 밑바닥)에 자연주의(naturalism)가 있다고 생각했다. 그러나 그들은 자연을 다소 더욱 상처가 나 있고 도움이 필요한 것으로 간주하는 것을 선호한다. 토미즘의 방식에서 하나님은 불필요한 존재로서 나타날 가능성이 적어진다.

그러나 아우구스티누스식/안셀무스식 접근이든지 또는 토마스식 접근이든지, 정치적으로 그것은 또한 두 개의 주요하고 경쟁적인 종교적 수도회, 즉 프란체스코수도회와 도미니크수도회 사이의 분리를 나타내지만, 신학과 철학 사이에는 대립 관계가 없다.

신앙의 초자연적 은사는 그 자체를 신학 속에서 이해하려고 하며, 철학적 이성은 자연적 수단, 즉 하나님께서 우리에게 그렇게 하도록 주신 자연적 은사이다. 머리가 발에 적대적이지 않은 것처럼 신학은 철학에 적대적이지 않다. 만일 신학과 철학이 협력한다면 우리는 결국 우리가 선택한 어느 곳으로든지 갈 수 있다. 신앙은 그것이 믿는 바를 이해하려고 추구하며(*fides quaerens intellectum*: 피데스 콰에렌스 인텔렉툼, "이해를 추구하는 신앙"-역주), 이해는 신앙에 의해서 보여진 것을 알려고 추구한다. 이것이 결코 기독교 현상에만 해당되는 것은 아니다.

또한 많은 이슬람교의 주석가가 있는 것처럼 확고한 유대교 신학적 전통이 있다. 아퀴나스는 자주 "랍비 모세"인 마이모니데스(Mainmonides)를 인용한다. 이 시대에 이슬람 세계는 번성하는 아리스토텔레스 학문의 전통과 의학, 법학, 그리고 아비세나(Avicenna)와 아베로에스(Averroes)와 같은 철학자들을 가진 학문(learning)과 문화의 중심지였다.

실제로 토마스 아퀴나스가 속한 13세기 유럽에서의 학문의 재탄생(rebirth)은 이슬람 학문이 스페인을 통해 유럽으로 유입되면서 가능해졌다. 중세 시대에 십자군전쟁과 같은 많은 문화적이고 종교적인 전쟁들이 있었지만 그것들은 신앙과 이성 간의 전쟁이라기보다 한 신앙과 다른 신앙 간의 전쟁이었다.

제3장
근대 시대의 철학과 신학: 철학과 신학의 분리

물론 근대인들은 매사가 "신앙의 시대"에 매우 순조롭게 진행되었던 이유가 (이런 생각조차 그 상황에 대해 낭만적인 생각을 품고 있는 것이지만) 신학(교회)과 철학 간의 역학 관계에 있다고 생각했다. 매사가 잘 진행되었다. 정확히 말하면 그 일들은 아내가 그녀의 남편에게 순종하는 동안은 결혼생활에서 외관상으로 순조롭게 진행되었다.

그러나 근대인들은 이런 모든 질서 아래에 깊은 불일치가 있다고 생각한다. 근대 시대는 이성과 자유의 권리를 그리고 교회(신앙)의 힘과 아리스토텔레스와 같은 전통적인 권위와는 무관하게 독립된 탐구를 주장하게 되었다. 그 시대는 "이성의 시대"(Age of Reason)이다. 그리고 이성의 시대는 이중의 뜻(double entendre)을 가지고 있는데, 하나는 역사적 이성의 시대라는 의미이며 다른 하나는 여러분이 운전하고 술 마시고 실수를 해도 괜찮을 나이인 이성의 나이(age)에 도달했다는 의미이다.

그 시대는 망원경이 알려지게 되었으며(물론 갈릴레오가 처음에 그 망원경을 발명했다), 스스로 무엇이 진행되고 있는지 더욱 세밀하게 볼 수 있게 되었다. 그래서 우리가 무엇을 볼 것인가를 미리 말해 주는 (자세하게 관찰할 수 있는 것이 망원경의 목적인지를 알지 못하는) 성직자 없이도 매우 자유롭게 볼 수 있었다.

필자는 근대 과학의 탄생과 코페르니쿠스(Copernicus), 케플러(Kepler), 갈릴레오의 시대 그리고 신학과 더욱 독립적인 이성 간의 긴장을 조정하는 데 있어서 최초의 큰 시험적 사례인 코페르니쿠스적 혁명 시대를 말하고 있다. 불행하게도 교회는 엄청나게 잘못된 수를 두어 오늘날도 여전히 벌어지고 있는 신앙과 과학 간의 전쟁을 유발시켰으며 이곳에부터 진화론을 공립학교에서 가르치는 것에 관한 논쟁이 다시 점화되었다.

가톨릭교회기 갈릴레오를 재판에 회부했을 때 그 교회는 자연의 조성자이신 하나님과 자연의 진행 과정 간의 관계성에 대해 토마스 아퀴나스가 가르쳤던 모든 것을 망각했다. 갈릴레오에 대한 비난은 처음에 의혹을 낳았고 그런 다음 종교인들은 문 앞에서 자신들의 이성적 능력을 점검했다는 것과 사유하는 것과 믿는 것 중의 어느 하나를 선택하지만 동시에 둘은 선택할 수 없다는 것을 오늘날에까지 과학자들 사이에서 지속되는 폭넓은 확신을 낳았다.

이제 우리가 철학과 신학 간의 오래된 경쟁의 무대에 새로운 연주자, 곧 철학과 신학 둘 다의 관심을 얻는 데 성공할 현상, 즉 자연과학을 소개하고 있음을 주목해 보자. 우리는 더 이상 "철학"과 "이성"의 상호교환성을 전제할 수 없다. 왜냐하면 철학이 태도를 바꾸어 새롭게 나타나는 과학과 이성의 영역을 공유해야 하기 때문이다.

그리고 17세기 후반에 뉴턴(Newton)이 자신의 주요작품을 『자연철학의 수학적 원리』(*Mathematical Principles of Natural Philosophy*, 1687)라고 명명하면서, 재앙의 징후가 나타난다. 이러한 점진적이지만 피할 수 없는 과정을 통해 우리는 특정한 학문들이 오늘날 우리가 있는 현시점에까지 결국은 철학과의 단절을 시작했으며, 철학이 근대 학문 연구소에 있는 단지 하나의 전문화되고, 대개 작은 분과의 이름일 뿐이라는 것을 알게 된다.

심지어 오늘날에 "철학"이란 낱말은 약간 시대착오적인 것이 있다. 그것은 우리가 고대 그리스와 관련하고 있다는 것이며 요즘에도 떠도는 이 같은 존재들이 여전히 있다는 것을 알고 약간 놀란다는 것이다. 그리고 이것은 마치 우리가 멸종되었다고 생각했던 종이 단지 엄청난 멸종위기에만 처해있다는 것을 아는 것과 같다.

근대성이 발생한 것은 신앙과 이성 간의 관계성이 역전되었다는 것이며, 이제 권력을 갖고 있는 사람은 누구든지 이성의 우위성을 남용하는 원리로 교회를 처벌하였고, 더욱 나쁜 것은 교회가 자주 상당한 비난을 받을 만하다는 이유로 하나님까지 처벌하였다는 점이다. 신학과 종교적 신앙은 법정 밖으로 쫓겨난 것이 아니라 법정으로 연행되어 이성의 법정 앞에 서서 자신들보다 못한 열등한 것으로 축소된 결과로 인하여 종교적 삶이나 신학적 사고에 적합지 않은 말로 자신을 위해 답변한다.

종교와 신학은 "최종 항소법원" 앞에서 스스로 답하게 되었으며, 그곳에 앉아 있는 판사는 "충족 이유율"(Principle of Sufficient Reason)의 이름을 가지고 있는데, 이것이 의미하는 바는 존재해하는 것은 어떤 것이든지 존재를 위해 충족 이유를 소유해야만 한다는 것을 의미한다.

대부분의 역사가들이 근대의 출발을 위한 분명한 지표를 찾으려고 할 때 시작하는 르네 데카르트(Rene Descartes)로 시작해보자.

이것은 좋은 선택이다. 데카르트는 철학자 겸 수학자와 이론적 물리학자였던 매우 근대적인 사람이며 무질서한 철학의 집을 수학의 성공을 모방함으로써 지으려고 노력한 사람이다. 훌륭한 수학자들처럼 데카르트는 철학자들이 방법적으로 자명한 공리로 시작해야 한다고 말했으며, 자명한 공리로부터 확고한 결론을 도출하기 위해 연역적 엄밀성을 가지고 개진하였다.

이런 목적을 위해 데카르트는 모든 것을 의심하는 그의 유명한 『성찰』(*Meditations on First Philosophy*)에 착수한다. 물론 영구적으로도 아니며 어떤 절망감에서 나온 것도 아니라 방법적으로 정확히 절대적으로 확실한 것, 즉 도저히 의심할 수 없는 것을 발견하고, 이런 확고한 토대 위에서 그 밖의 모든 것을 확립하기 위해서이다. 이것이 철학자들이 "토대주의"(foundationalism)라고 명명했던 것의 출발점이다.

철학자 데카르트가 진행했던 것은 사회학적으로 코페르니쿠스적 혁명의 결과로 인해 유럽 문화를 뒤흔들고 있는 전율(tremor)과 상응한다. 이와 같은 위기와 변화의 관점에서 모든 것은 불확실하게 보였으며, 데카르트는 이런 전율을 해결하기 원했고 모든 것을 진정으로 확고한 근거 위에 확립하기를 원했다. 이것을 데카르트는 다음과 같은 유명한 논증 방식으로 확립했다.

비록 내가 의심할지라도 의심하는 나는 생각해야 하

> 며 만일 내가 생각한다면, 그러므로 나는 존재해야만
> 한다(*cogito, ergo sum*: 코기토, 에르고 숨).

그리고 이런 토대로부터 데카르트는 지식의 체계를 재정립하는 데 착수한다. 동시에 종교개혁 신학자들은 사도 바울이 말한 철학의 어리석음을 상기하며(고전 1장), 세속적 어리석음인 철학의 영역을 단념하고 있었으며 더 높은 신앙의 토대와 성경 그리고 내적 공간인 개인적 의식으로 향하고 있었다. 이혼은 시작되었으며 그때 이후로 철학과 신학은 분리된 진영에서 살아오고 있다.

비록 데카르트가 『성찰』에서 세 번 하나님의 존재를 증명하여 자신의 책을 자신의 예수회 스승에게 헌정했고, 교회는 그의 유명한 코기토(*cogito*)가 아우구스티누스가 말했던 것, 즉 "만일 내가 속는다면 나는 존재한다"(*si fallor, sum*: 시 팔러, 숨)는 것을 상기시킬지라도 그의 작품을 비난할 의무를 느꼈다.

그렇지만 교회는 사건들을 다루는 교회의 오랜 권위적인 방식에 대한 매력과 권력이 빠르게 쇠약해지고 있다는 점을 알아야 했으며, 새롭고 다양한 모든 것을 비난하는 일을 벗어버리고 더욱 신중하게 설득적인 논증으로 변화하는 그 주변 세계에 반응하기 위해 근대에 있는 개별적 의식의 새

로운 자유감(sense of freedom)을 존중해 한다는 것을 알아야만 했다.

그러나 여러분은 무엇이 교회를 불안하게 했는지를 볼 수 있다. 데카르트는 일종의 순수하게 철학하는 것에 관여하고 있었고 순수 철학적 자율을 실행하며 전례 없는 자유를 말하고 있었으며 교회를 반쯤은 죽을 지경으로 놀라게 한 정신, 즉 현실의 범주에서 인정받기 이전에 사건들이 자신들의 자격증을 제시할 것을 요구하는 정신이었다. 칸트가 나중에 서양 정신의 "성숙"이라고 명명했던 것이 바로 가까이에 있었으며, 그 부모들은 공황상태에 있었다.

(데스 "카르트"[1]에서처럼) 데카르트적 실험은 철학적 상상력의 기막힌 전개였으며 교회와 신학적 권위주의 교육으로부터의 매우 중요한 자유로운 사고 행위였지만 과거 세기의 철학에 의해 계속되는 비난을 받아왔다. 필자의 견해에서도 당연히 그렇다. 여기에서 필자의 특정한 관심은 데카르트 사상에서 하나님이 어떻게 되었는지를 보는 것이다.

거의 틀림없이 가장 뛰어난 살아있는 데카르트 학자 겸 가장 뛰어난 살아 있는 철학적 신학자 마리옹(Jean Luc

---

1 어원적으로 Cartes는 지도를 의미하는 그리스어 "카르테스"(χάρτης)를 말한다-역주

Marion)은, 여러분이 여러분의 철학과 신학에 의존하여 하나님에 대한 논증거리를 얻을지라도, 표면적으로 매우 무관해 보이는 어떤 것을 골라내서 하나님에 대해 사유하고 있는 근대의 방식 안에 심각한 전환의 중요한 증상이 있다는 것을 드러낸다.

데카르트는 하나님을 "자기원인"(*causa sui*: 코사 쉬)으로 간주하기 위해 근대성 가운데서 표준적인 관례가 될 수 있는 것을 확립했다. 반면에 아퀴나스에게 하나님은 "원인 없는 제1원인"이며 그 밖의 모든 것들의 원인이지만 자신은 원인 없는 분이다. 다른 어떤 것이 하나님의 원인이라면 하나님의 원인은 하나님보다 더욱 클 것이다.

그러면 왜 하나님을 자기원인이라고 말하지 않는가?

이것은 타당하지 않기 때문이다. 자력으로(bootstraps) 자신을 들어 올린다거나 여러분이 전에 존재하지 않았던 곳에 여러분 자신을 존재하도록 하는 것처럼, 이것은 어떤 존재가 자신이 소유하고 있지 않은 것을 자신에게 준다는 것을 의미한다. 여러분의 고유한 원인이 존재한다는 것은 여러분의 시간 이전에 존재한다는 것이며, 여러분 자신이 출생하기 이전에 거기에 존재한다는 것이다. 그리고 그때 고유한 원인이 여러분을 발생시킨 것이다. 그것은 여러분이 아직 거기에 존재하지 않을 때 이미 거기에서 존재한다. 여러분 자신의 아버지나 어머니가 존재하는 것처럼 말이다. 그리고 그것은 타당하지 않다.

그러나 이 같은 것들이 우리에게 불가능한 반면에 분명히 모든 것이 가능한 하나님에게는 가능한가?

아퀴나스는 즉시 아니라고 답한다. 하나님이 가장 높은 의식(sense)과 의미와 진리인데 타당하지 않은 일을 할 수 있다고 말하는 것은 타당하지 않다. 그것은 하나님에게 경의를 표하는 것이 아니다. 어떤 것도 하나님의 원인일 수 없으며, 하나님 자신은 원인이 없는 다른 모든 것들의 제1원인이며 그분은 시작과 끝이 없이, 순수하고 순전하며 영원한 필요성으로 인해 자신 안에 스스로 존재한다고 말하는 것이 훨씬 더 의미가 있다.

이 모든 것이 명확한 것처럼 보인다면 중세철학의 상세한 내용에 해박한 가톨릭 신자 데카르트는 왜 그런 것을 말하고 있는가?

마리옹은 그 이유를 데카르트가 철저하게 합리적인 세상을 원했으며 그에게 그것은 모든 점에서 이성이 규정한 공리를 따르는 세계를 의미했으며 그 세계 속에서 이성의 원리가 자랑할 만한 장소를 마련했다는 것이라고 대답한다. 이 세상은 이성의 요구를 충족시키고 이성의 조사 하에 검열을 통과하고 소설에서 현실로의 경계를 넘어가도록 허락받기 위해 그들의 글을 표현할 수 있는 영역이다.

예컨대, 수학자와 물리학자인 데카르트는 우리가 정말 향기와 색깔과 물리적 대상의 느낌을 좋아하지만 엄밀하게 합리적 존재로서 우리는 그것들을 포기하고, 푸른색과 달콤한 것과 같은 것은 엄밀하게 주관적이고 개인적인 감각임에 반해 "실제로 저기에," "객관적으로"(이것은 전적으로 새로운 언급의 방식이었다) 있는 유일한 것은 질량(mass)과 속력이라는 것을 인정해야만 한다고 말했다.

왜 그런가?

이는 물리적 실재를 측정하는 것(measure)은 수학적으로 측정할 수 있는 것이며 여러분이 푸른색을 측정할 수 있는 유일한 것은 빛의 파동이며 "소음"에 대해서는 소리 파동의 주파수이기 때문이다. 이성은 있는 그대로 거기 밖에 있는 것을 받아들이지 않으며 그것에 맞추지도 않는다.

반대로, 이성으로 우리가 의미하는 바는 먼저 거기 밖에 있는 것을 결정하는 권위이며 사건들이 측정되는 기준을 세우는 권위이다. 결정하는 권위로서의 이성과 기준을 세우는 권위를 가진 이성은 "이성의 시대"인 "계몽주의"가 의도하는 바이다. 이 모두는 누가 "권위"와 능력, 곧 이성 또는 신앙을 가지고 있는지와 관련된다.

그래서 데카르트가 이성의 원리에 매우 많은 애착을 갖고 있었다고 말하는 것은 과장이 아닌데, 이 이성의 원리는 필연적, 보편적 그리고 비역사적인 것으로 예외 없이 무조건적으로 유지된다. 모든 표제를 잡고 있는 것은 하나님이 아니라 이성이라는 것을 주목하라.

중세철학자들은 한때 이성을 "카팍스 데이"(*capax dei*), 즉 하나님을 받아들일 수 있는 능력, 무한자를 향한 유한한 능력[2]으로 묘사했지만 칸트는 간단하게 이성을 『순수 이성비판』(*Critique of Pure Reason*)에서 "원리들의 능력"으로 규정했다. 영원히 필연적이고 무조건적인 것은 이성이며 하나님이 그 모든 몫을 받는다면 이것은 이성이 세워 놓은 원리들과 규범에 하나님이 맞춰지기 때문일 것이다.

물론 데카르트와 대부분의 초기 근대 사상가들에게는 하나님이 활동하신다. 하나님은 이 모든 시험에 최고로 아니 "최고우등"(*maxima cum laude*: 막시마 쿰 라우데)으로 통과한다. 하나님은 모든 이성의 시험에 완벽한 점수를 얻는다. 하나님은 어떤 진술이 참이된다고 이성이 설정해 놓은 규범을 충족시키기 때문에 "하나님이 존재한다"는 진술은 참이다.

---

[2] "카팍스 데이"(*capax dei*)란 표현은 아우구스티누스가 『고백록』 14.4.6에서 삼위일체 하나님의 형상이 어떻게 인간의 영혼 안에 나타나 있는가를 설명하면서 인간의 위대성은 최고의 존재에 참여할 수 있고 받아들일 수 있기(capax dei) 때문이라는 부분에 나오는 말이다-역주.

데카르트는 전통 신학의 실질적인 결론을 폐기하는 것에 관심이 없었던 철저한 정통 가톨릭신자였다. 그 대신에 그는 증명과 방법에 관심이 있었으며, 사건들을 수학 그 자체의 불변성과 확실성으로 확립하는 데 관심이 있었다.

이것은 데카르트의 사고에 혁명적이었다. 하나님은 인과성(causality)을 포함해서 이성이 세운 모든 규범을 충족시킨다. 하나님은 자기 자신의 원인인데, 왜냐하면 그 자신의 유일한 원인이신 하나님을 포함해서 모든 것은 원인을 가지고 있기 때문이다. 그리고 이성은 이런 점을 양보할 리가 없으며 그 원리들 중에 하나를 포기할 리가 없다.

중세인들은 하나의 원인이 어떤 것을 (존재와 운동처럼) 그 자체만으로는 가질 수 없는 결과에 연결시켜 아무것도 그 자체로는 원인이 될 수 없다고 말했다.

그러나 데카르트는 결과에서처럼 원인 안에 실재가 있어야 한다는 것을 재형식화했으며 하나님(결과) 안에 많은 실재, 즉 무한한 양이 있는 것처럼 하나님(결과) 안에도 있기 때문에 하나님도 인과율에 예외는 아니다. 원인은 결과를 낳기에 충족함에 틀림이 없으며 유일하게 무한한 하나님은 자신의 유일하고 충족한 원인이다.

여러분이 데카르트가 『성찰』 III에서 사용하고 있는 주요한 증명을 주의 깊게 살펴본다면 그것이 안셀무스의 존재론적 증명에 대한 근대의 변형이라는 것을 알아차릴 것이다. 비록 안셀무스 담화의 정신이 전적으로 사라져버렸을지라도 말이다.

데카르트 직후에 라이프니츠(Gottfried Wilhelm von Leibniz)는 어떤 것도 그것이 존재하기 위해 충족한 이유를 갖고 있지 않다면 존재할 수 없다는 "이성의 충족 원리"를 만들었다. 법정은 개정 중이다. 이성은 판사처럼 혹은 우리를 돕는 하나님을 포함하여 그 이성의 시험을 통과한 자들에게만 실재의 통행증을 발부해주는 국경 파수꾼처럼 기능한다.

여기에서 무엇이 발생하고 있는지 주목하라.

탁월한 신학의 주제인 하나님은 그 하나님에게 지배받는 이성이 아니라 철학의 재판권인 이성의 원리에 지배된다. 하나님은 다른 모든 사람들처럼 줄 서 있어야만 한다. 공평한 것이 좋은 것이다. 유한자와 무한자 모두는 이성의 검사 하에 검열을 받아야 한다. 결과적으로 하나님은 줄을 서서 위축되어 이성의 원리에 맞도록 재단되며, 이제 신학은 더 높은 철학의 원리에 감시받는 (더 이상 여왕이 아닌) "하나의 특정 분과"이며 철학이 일반적으로 모든 지식과 모든 학문을 감시한다.

그러나 신학의 관점에서 여러분이 하나님을 아무리 높이 찬양해도 만일 그 찬양이 이성에 의해 기록되고 관리된 시험에 의해서 하나님을 판단하게 된다면, 비록 하나님이 여러 기준들 중에서 제일 먼저 나타날지라도 여러분은 하나님을 손상시키고 있다. 하나님이 처음이요 나중이요 영원하신 신학에서 비록 그분이 이성에 의한 시험에 결정될지라도 기준들을 세우는 분이지 그 기준들에 의해서 판단되는 분이 아니다.

신학자들이 철학자들에 대해 결국 우려하고 있는 것은 그 철학자들이 종교와 신학에 경청하지 않는다는 것과 그들이 종교와 신학의 독특한 담화와 삶의 형식을 이해하지 않는다는 것이다. 그 결과 그들이 하나님에 관한 논증들을 제공할 때조차도 그들은 여전히 잘못 생각하고 있다는 것이다.

중세철학자와 신학자는 "제1원리들," 즉 "그 자체로" 명백한 원리라고 자신들이 명명했던 것에 분명히 동의했다. 그러나 그들은 이런 원리들을 좀 더 외현적으로(explicitly) 형식화하고 구체화하지 못했을 뿐만 아니라, 절대적인 철학적 지식이 될 수 있는 독립체계(autonomous body)로 수집하지도 못했다.

중세의 관점에서 근대인들은 이것에 반대로 접근한다. 이성의 원리들이 매우 빛나는 광채를 갖고 있고 매우 확신적으로 자증적일 수 있는 이유는 그 원리들이 하나님 자신의 존재에 관한 빛나는 광채를 반영하고 있다는 점이다. 하나님이 이런 원리에 "순응한다"고 말하는 것은 부당하고 비뚤어지고 심지어 불신앙적으로, 마치 아들이 아버지를 닮았다는 것 대신에 아버지가 자신의 아들을 닮았다고 말하는 것처럼 설명하는 것이다.

왜냐하면 반대로 하나님의 존재와 필연성, 그리고 진리를 반영함으로 그 원리들은 하나님을 순종하기 때문이다. 아우구스티누스가 말한 것처럼 인간이 참된 것(something true)을 사유할 때 우리 자신의 불완전한 방식 속에서 진리이신 하나님에 대해 무엇인가를 사유한다는 점이다. 하나님은 "참된"(true)이 아니라 "진리"(truth)이시다.[3] 하나님은 근원이시다. 원리들은 물속에 비친 반사물(reflections)과 같다.

이성에게 중점을 두고 있는 (혹자는 물신화한다[物神化, fetishizing]고 말할지 모르는) 이 모든 것은 이성의 여러 작용을 조절하고 조정하기 위해 세계로 보내진 일종의 지적인 경찰, 즉 지식비판과 같은 인식론 철학인 "비판 철학"의 생각을 만든 칸트에게서 무르익었다. 칸트의 비판 철학에서 철학은 결코 다시는 학문 그 자체의 학문, 지식 그 자체의 지식으로 자처하지 않는 높은 명성에 도달한다. 철학 앞에서 신학은 공

---

3 something true에서 형용사 true는 무언가(something)를 수식해 주기 때문에 무언가는 원래 참이 아니었다. 그러나 truth는 어떤 것을 수식하지 않고 명사로서 그 자체가 진리이다. 그래서 하나님이 진리이시다(God is truth)–역주.

손히 정기점검에 나와야만 할 것이다.

그러나 칸트 또한 철학의 유명한 최후의 저항으로 간주될 수도 있다. 왜냐하면 칸트는 이미 모든 참된 새로운 지식은 학문을 통해 나오기 때문이라는 운명적인 양보를 하고 있기 때문이다. 칸트는 학문을 감독할 수 있는 더 좋은 등급의 학문으로 철학을 올려놓고 그것의 조건과 한계를 설정함으로써 철학에게 감독하는 위치를 주려고 의도했지만, 요리하지 않으며 식당을 비평하는 사람처럼 철학을 행위로부터 효율적으로 제거한다.

철학은 더 놓은 수준의 인식론적 학문 이론에 관심을 갖지만 실제 세계를 학문에게 양보했다. 철학이 한때 실제 세계에 관한 우리의 앎을 묘사하곤 했던 낱말에서 이제는 지식 그 자체를 묘사하는 낱말이 되었으며 우리는 세계를 학문에 남겨 놓는다.

칸트는 철학을 세계를 알아가는 게임으로 받아들여, 공이 경계선에 놓여 있는지를 판단하는 일종의 심판자로 만들었다. 철학은 두 번째로 숙고하는 학문이 되었다. 반면에 세계를 다루고 실재에 대한 어떤 것을 발견하는 여타의 학문들은 순수 "학문"으로 명명된다.

칸트는 소크라테스에게서 시작된 위대한 철학의 종말이며 오늘날 우리가 이미 도달한 상대적으로 소수만이 이해하는 목소리, 즉 만일 대학에서("여러분 자신의 성숙을 위해") 철학이 전공과목인 경영이나 컴퓨터의 시간표에 적합할 경우에 수강할 수도 있는 과정이 되어 버렸다는 점을 보여주는 전형이다.

좌우간 칸트의 비판 철학은 세 가지 위대한 "이성"의 "비판들"로 구성된다. 이 세 가지 이성 비판들은 이성의 영역을 합리적 존재인 우리가 우리 자신의 삶을 살아가는 최종적이고 아우를 수 있는 범위로 묘사한다. "인간"이 된다는 것은 여기 이 땅에서 두 발을 가지고 말하는 경험적 종(empirical species)으로 묘사된 단순한 동물학적인 범주이지만 우리의 참된 본질은 "합리적 존재"가 된다는 점이다.

칸트는 세 가지 큰 지도, 즉 세 가지 비평적 영역을 우리가 알 수 있다는 것(what we can know)과 우리가 마땅히 해야만 한다는 것(what we ought to do, 당위-역주) 그리고 (예술적이고 자연적인 미처럼) 우리가 판단하고 평가하는 영역으로 그려간다. 그는 비평을 사용해서 지식과 윤리학 그리고 예술의 다양한 영역에 대한 경계들을 정하고 그것들의 한계를 설정하며 모든 사람이 그 경계에서 놀 수 있다는 것을 확신하면서, 지도를 그리는(Cartesian!) 무언가를 의미했다.

이런 엄격한 종류의 경계를 설정한 결과는 순수하고 가치 있는 자유로운 지식과 순수하게 합리적인 정언(定言,

imperative) 형태를 넘어선 내용이 없는 순수 윤리적 명령이나 정언 그리고 인식적이고 윤리적 내용이 전혀 없는 순수 예술을 분리하는 것이다.

말하자면, 다도해에 있는 세 개의 섬처럼 지식을 위한 지식과 의무를 위한 의무 그리고 예술을 위한 예술을 변호하는 것은 칸트로부터 다음 세대까지 가까운 거리였다.

첫째 비판은 우리에게 무엇이 있는지(what is)를 말해준다.

둘째 비판은 우리에게 무엇이 있어야 하는지(what ought to be)를 말한다.

셋째 비판은 이 둘이 서로 융합한다면 얼마나 기쁠지(how pleasant)를 말해준다.

그러나 지금까지 하나님과 종교에 대해서는 아무 것도 없었다. 이는 칸트에게 하나님과 종교가 그 자신의 섬, 그 자신의 영역이나 공간이나 운동장을 가지고 있지 않기 때문이다. 하나님과 종교는 자신들의 예배 처소를 어떤 사람의 소유지에 지어야 한다. 하나님은 지식의 영역에 속하지 않는다. 이는 지식의 영역은 자연과학에 의해 통제되기 때문이며, 초감각적 원인으로서 하나님은 전혀 자연과학에 등록될 수 없기 때문이다. 하나님은 결코 발붙일 곳이 없다.

안셀무스가 사용한 논증과 데카르트가 복원한 논증은 비효과적인 개념 싸움이다. 이 개념들은 합법적 적용을 가질 수 있는 경험 세계로부터 제거되었기 때문에 영향력을 상실한 개념이다.

그래서 칸트는 아퀴나스처럼 그러나 데카르트와는 다르게 안셀무스의 논증을 거절한다. 그러나 그가 안셀무스의 논증을 수용했었을지라도 신학적 삶이 안셀무스의 담화에서 사라져버렸으며 그 핵심이 상실되었다. 칸트의 증명 기준에 부합한 이 같은 순수 철학적 존재는 안셀무스가 제시하였던 것과 관련성이 거의 없다.

그렇다면 칸트에게 하나님은 단순한 공상인가?

실제로 그렇지는 않다. 최선을 다해 본다면, 칸트의 하나님, 계몽주의 신학 또는 미국의 건국자로서의 하나님, 곧 독립선언서에서 언급된 "자연의 하나님"[4]인 "자연신학"의 하나님은 (Gotthold Lessing의 유명한 희곡 "현자 나단"[Nathan the Wise]에서 설명되는) 어떤 특정주의나 교리적 혹은 고백적 신학으로부터 벗어난 인간 지성의 일반적이고 다소 자중적인 일종의 기준(datum)으로서의 하나님이 된다는 것을 의미했다. 이것은 어깨 위에 머리가 있는 사람이라면 이해할 수 있는 하나님과 신학이며 기본적으로 자연의 질서 속에서

4　Jacob Needleman, *The American Soul: Rediscovering the Wisdom of the Founders* (New York: Tarcher Books, 2003)를 참조.

계시된 하나님, 도덕적 질서를 지지하시는 하나님이다.

따라서 칸트는 하나님에 대해 두 가지 규정(provisions)을 만들었다.

첫 번째로 칸트에게 하나님에 대한 관념은 "규정적인"(regulative) 역할을 하며 이것이 세 번째 비판, 즉 기쁘고 확신을 주는 판단력 비판에 속한다. 왜냐하면 모든 세계에 대해 그 세계는 마치 현명한 통치자를 함의하는 현명한 질서에 의해서 통치되는 것처럼 보이기 때문이다.

하나님에 대한 관념은 비경험적 가설이기 때문에 학문적 지식의 일부가 될 수 없지만 학습을 높이는 유용한 방책, 즉 효과적인 "마치~처럼"(as if)이 될 수 있다. 이런 것을 통해 칸트는 학문이 설명을 필요로 하고 있는 현상에 직면할 때마다 그 학문이 그 자체에게 "이것이 현명한 통치자에 의해서 거기에 놓였다고 가정해 보라. 그 통치자는 마음 속에 무엇을 염두에 두었으며, 왜 그 통치자는 그것을 거기에 놓았는가?"를 물어야만 하며, 하나님의 관념은 연구를 자극하고 학문의 원인을 진전시킨다는 것을 의미했다.

두 번째 비판에서 칸트는 두 번째 하나님의 역할을 자연의 하나님뿐만 아니라 도덕의 하나님으로 발견했다. 그 비판에서 하나님의 관념은 의무의 생각과 연결된다. 우리 모두는 무조건적 명령에 의해 우리의 의무를 다하도록 초대되었다.

우리가 그것을 좋아하든 싫어하든 그것이 우리를 행복하게 만들던지 그렇지 않던지, "당신은 해야만 한다"(thou shalt, 당위-역주)라는 도덕적 의무가 무조건적으로 타협도 협상도 없이 우리의 귓가에 울려 퍼진다.

종교인은 그런 명령을 하나님, 즉 반드시 여러분의 의무를 행하고 행복을 주는 하나님의 명령으로 이해하는 사람이며 이 의무와 행복은 본래 그 자체가 분리된 선로에서 운행하다가 결국 같은 역에서 끝난다.

그러면 종교란 무엇인가?

종교는 윤리학이다. 그것은 의무 또는 양심의 목소리가 하나님의 목소리로 받아들여지는 곳에서 여러분의 의무를 행하는 것이다.

그래서 칸트의 하나님, 즉 계몽주의의 하나님은 자연적이고 도덕적인 질서와 지속적이고 직관적인 연결이 되어 있으며 그로 인해 그러한 연결에는 "합리적 신학"[5]에 있는

---

5 칸트에 따르면 신학은 계시신학과 합리적 신학으로 구분된다. 전자는 이성에 근거하여 출발하는 것이 아니라 하나님 자신으로부터 근거를 두는 신학이며 후자는 이성에 의한 신인식이다. 또한 이성을 통해 신을 인식하는 합리적 신학에는 순수 이성에 근거하여 개념을 통해 근원적 존재자, 원 존재를 다루는 선험신학과 경험에 근거하여 자연의 완전한 원인을 다루는 자연신학(이 자연신학은 또한 우주론적 신학, 물리적 신학으로 나눈다)과 다른 하나는 도덕신학이다. 칸트에게는 도덕신학이 실천적이고 도덕적인 근거로 최고 존재자를 가정하는 신학이며 최고선(*summum bonum*: 수뭄 보눔)을 하나님이라고 간

일종의 자연적 또는 합리적 신앙과 연결된다.

종교의 나머지 영역, 즉 성례와 교리, 의식, 양초, 신비 그리고 신성한 이야기들은 어떤가?

이것들은 미신이다. 종교는 이성에 의해서 감독받아야 한다. 종교는 이성의 한계 내에서만 유지되어야 하는데, 그 이성은 합리적인 종교 내용이 윤리학이라는 것을 결정한다. 이것이 바로 종교의 객관적 측면이다. 나머지는 마치 "우울한"이나 "기분이 좋은"처럼 주관적 기분(buss)이며 많은 주관적 소리는 해롭지 않지만 위험한데, 왜냐하면 종교가 순수하게 합리적이지 않는 한 사람들은 자신들의 머리 속에서 미친 것들을 얻기 시작하기 때문이다.

종교인들은 목소리를 듣는다. 그리고 보편적 명령이 아니라 그들 이외에 어느 누구도 듣지 못하는 명령에 따르기 시작한다. 그들은 합리적 삶의 행위를 거부하며, 현실을 대처하는 것을 마술적인 주문으로 바꾸며, 어느 누구도 볼 수 없는 영적인 것들(spirits)을 보며, 결국 다른 교리적 믿음과 다른 정신적 안내자를 가진 다른 사람들과 불화를 일으키고 파괴적이고 폭력적인 충돌로 전락하고 만다. 그러나

주한다. 좀 더 구체적인 논의를 위해 칸트, 리츠 엮음, 『칸트의 형이상학 강의』 이남원 옮김 (울산: UUP, 1999), 239-311 참조-역주.

그들이 자신들의 순수한 합리적 내용, 즉 윤리학을 고수한다면 다양한 종교는 합의를 이룰 수 있다. 이것이 레싱(Lessing)이 쓴 드라마의 요점이다.

이런 계몽주의의 합리적 신학이 하나님을 어떤 근본적인 인간의 직관과 연결시키지만 그 결과는 하나님을 매우 빈약한 위치에 올려놓았기 때문에 누군가 하나님을 버리고 자기가 원하는 대로 잘할 수 있다는 것은 이제 시간문제이다. 그 이유가 자연과학과 인간의 윤리학, 즉 이성은 점점 더 불필요한 보완물처럼 보이는 이런 특정한 가설 없이도 실제로 잘 해 나갈 수 있고 감사할 수 있기 때문이다.

이런 생각은 19세기에서 훨씬 많이 발생했으며, 이 시기가 무신론이 실제로 순조롭게 움직이기 시작한 첫 시기였다. 19세기는 종교와 신학이 여전히 다루어야 할 일련의 충격을 만들어 냈다. 그 충격은 진보하는 과학에 의해서 나왔는데, 그 진보하는 과학은 우리에게 우리의 생물학적 뿌리를 상기시켜주었다. 종교에 대한 세 가지 큰 무신론적 비평을 가한 삼중 충격은 종교를 빈곤한 신세에 대한 해독제(칼 마르크스)와 거짓된 심리적 환상(지그문트 프로이트), 그리고 강자의 힘에 반대하는 분개의 표출(프리드리히 니체)로 간주하는 것이었다.

19세기 말엽에 신학과 종교적 신앙은 적어도 지식인들 사이에는 쇠퇴하였으며 하나님과 종교는 독재적 이성에 의해서 철저하게 파헤쳐지고 있었다. 철학 그 자체는 행동하는 것이 아니라 반응하고 계속해서 자연과학에 더 많은 토대를 양도하고 자신에게 속한 것이라 부를 수 있을 것을 찾아다니고 있다. 교회가 데카르트에 대해서 근거도 없이 두려워 하지 않았다는 점이 드러났다.[6]

　이런 발전에 직면하여 19세기 신학자들은 물러나서 움츠리는 것 말고는 거의 선택사항이 없었다. 그들은 지식의 토대를 자연과학에 양보하면서 파스칼이 데카르트에 반대하여 행동한 것("마음[heart]은 이성이 알지 못하는 이유들을 가

6　역사가들이 이런 재앙에 대해 손가락으로 어디를 지목해야 할지 결정하려고 둘러볼 때 이성에게 그 자신의 역할을 주었던 토마스 아퀴나스조차도 용의자로 지목했다. 그러나 만일 그 생각이 철학과 이로 인해 이성이 신학으로부터 자유롭기 위해 몸부림치기 시작했던 정확한 순간을 지적하는 것이라면 위대한 프란체스코 스승 둔스 스코투스(John Duns Scotus[d.1308])는 여전히 더욱 흥미 있는 용의자였다.
이것은 스코투스가 하나님과 피조물이 "존재" 일반의 관념 "밑에" 있다고 주장한 최초의 철학자였기 때문이다. 그리고 이런 생각은 데카르트가 하나님과 피조물 모두가 인과율 "하에" 있다고 말한 근본적으로 동일한 종류의 생각이다. 이것은 이성의 덮개 밑으로 맞추기 위해 하나님을 움츠리게 하는 것을 함의한다. 이로 인해 신학은 철학의 사법권에 종속되는 결과를 낳는다. 그러나 토마스 아퀴나스는 이런 관점으로부터 심사숙고한 신학 사상가였는데, 왜냐하면 그가 바로 하나님의 존재와 비교해 볼 때 존재 일반에 대한 생각은 단지 추상이라고 주장하였기 때문이다.

지고 있다"[7])과는 다르게 행동하였다. 그들은 종교를 "감정"의 영역 안에 있는 새로운 진영으로 재위치시켰다. 그들은 낭만주의, 즉 계몽주의에 반대하는 운동에 용기를 내었으며, 이 낭만주의는 이성의 경계와 규범을 가지고 이성의 능력을 국한시키는 것에 반대하고,[8] 그 위에 창조적인 상상력의 힘을 강조하였다.

이 시대의 가장 위대한 신학자는 자유주의 신학의 아버지 슐라이어마허(Friedrich Schleiermacher)였다. 그는 종교를 "절대 의존의 감정"(feeling of absolute dependence)으로 탐구한다. 여기에서 감정은 영원하고 무한한 것으로 들어가는 입장권처럼 기능하면서, 이러한 감정을 통해 계몽주의시기에 위협받았던 무미건조한 합리주의와 이신론을 극복하면서, 새로운 자격증으로 주어졌으며 하나님으로 향하는 특별한 접근방식으로 주어졌다. 이런 반(anti)근대인들이

---

7 Blaise Pascal, *Pensees*, trans. A. J. Krailsheimer (Baltimore: Penguin Books, 1995).

8 이 말은 이성의 능력을 신뢰하였다는 것이 아니라 합리성을 만들어내는 이성의 작용에만 갇혀 있어서는 안 된다는 말이다. 마치 문학에서 이성의 통제를 통해 전통, 규범, 그리고 모방을 따르는 신고전주의에 반대하여 낭만주의의 대표적인 시인인 워즈워스(William Wordsworth)가 *The Lyrical Ballads*에서 좋은 시란 강한 감정의 자연적 발로라고 말하는 것처럼 이성보다는 감정에 더 우선성을 놓고 있다고 말하는 것과 같다-역주.

(가톨릭이라고 읽혀지는) "기독교 중세"를 새롭게 볼 수 있었던 것은 다름 아닌 낭만주의의 세계 안에서였다. 계몽주의에 의해 기독교 중세가 매력이 없는 것으로 취급되기 전에 중세의 세계는 그들에게 갑자기 매력적인 숲, 곧 기사와 신앙, 그리고 아름다운 공주들로 가득 찬 기사도 시대처럼 보였다.

19세기 말엽에 종교는 쇠퇴하였으며 구시대에 속한 것처럼 보였다. 새로운 기술의 탐구와 자본주의 흥기, 새롭게 등장하는 전달 수단, 대량 운송 수단들, 그리고 과학적 자연주의 힘이 지배하였다. 그 모든 것을 다음과 같이 정리한 사람은 다름 아닌 철학자 니체(Nietzsche)였다.

"하나님은 죽었다."

19세기는 이렇게 말했다(Thus spoke).[9]

---

[9] 이 표현은 니체의 작품, 『짜라투스트라는 이렇게 말했다』(*Also sprach Zarathustra*)의 영어식 표현인 "Thus spoke"를 사용해서 저자가 19세기 상황을 희화화한 것 같다–역주.

4장
계몽주의 비판하기

그러나 장례식에 가는 도중에 재미있는 일이 발생하였다. 계몽주의가 탈선한 것이다. 19세기 실증주의자와 자연주의자조차 추측할 수 없었던 방식으로 계몽주의는 자신이 해야 할 모든 좋은 일을 수행하였으나, 일들을 다르게 구성했어야 함이 드러났다.

이것이 이제 필자가 착수하기를 원하는 국면이다. 그러나 필자가 이것을 하기 전에 먼저 공언(公言)하겠다. 필자 자신의 견해로 계몽주의 혹은 근대는 신앙과 이성의 투쟁적 주장에 대한 만족스러운 화해를 수행하는 데 있어서 필연적 단계, 즉 중요한 수정의 과정이라는 점이다. 종교인들은 자신들의 신앙을 그들이 가지고 잘 실천해야 하는 가장 값진 것이라고 주장하지만 모든 것은 타인과 함께 그리고 하나님이 우리에게 주신 모든 것과 대화하는 가운데, 그 신앙을 심사숙고하며 매우 진지하게 생각하자마자 여러분 안에 있는 그 "신앙을 이해하는 것"[1]에 의존한다. 이것은 철학이 없다면 신학이 그 자체로 개별적인 큰 위험 속에서 진행될 수 있는 이유이다.

종교와 계시에 대한 계몽주의적 견해의 위대한 힘은 다음과 같은 두 가지 강조점에 놓여있다.

첫째, 인간사(human affairs)를 수행하는 데서 우리 자신의 시선을 우리 모두가 공통적으로 가지고 있는 것에 집중시켜야지, 어떤 사람에게는 허용되고 다른 사람에게는 허용되지 않는 분열을 초래하는 "계시"를 강조하지 말아야 한다. 기독교 우파(Christian Right)는 미국 건국자들의 종교적 비전으로 우리가 되돌아가도록 계속해서 기도한다. 하지만, 그들의 기도가 응답되도록 무엇을 위해 기도하고 있는지에 주의를 기울여야 한다. 미국의 건국자들은 계몽의주의의 후예였으며 그들은 기독교 우파의 단호하고 편협한 의무에 의해 경악했다. 또한 그들은 압박을 막으려고 다른 의견을 짓밟아 버리는 방식으로 인해 놀랐다.

둘째, 하나님은 그 신실한 계시, 곧 하나의 계시만을 주신

---

[1] 역자가 신앙을 이해는 것이 중요하다는 저자의 말을 강조하기 위해 표기한 것이다-역주.

것이 아니다.[2] 하나님은 우리의 어깨 위에 머리를 두게 하셨고 그 머리 위에 눈을 놓았기 때문에 신자의 완전한 임무를 묘사하는 말은 사유하는 신자, 신앙 있는 사유자가 된다는 것이다(강조점은 여러분이 누구와 말하고 있고 때때로 무슨 요일인지에 달려 있다). 하나님은 우리에게 매우 광범위한 의미에서 계시를 하셨는데, 단지 계시라는 책이 아니라 하나님에 관한 보이지 않는 것들을 말하고 있는 이 세상의 보이는 것들로도 계시하셨다(롬 1:20).

이것이 철학과 신학이 서로 조화하는 것을 배워야 하는 이유이다. 우리는 하나님께서 창조하신 세계, 곧 엘로힘이신 하나님이 좋다라고 다섯 번이나 선언하였으며 매우 좋다라고 요약하여 언급하신 현상 세계나, 하나님께서 이 세상을 알기 위해 우리에게 주신 능력들을 망가뜨림으로

---

[2] 이 말은 오해의 여지가 있다. 하나님께서 주신 성문화된 계시 내용이 불충분하여 인간의 사유를 통해 그 불충분성이 보완되거나 완성되는 의미라면 개혁파 신학의 관점에서는 비판의 대상이다. 저자를 변호하자면 하나님이 주신 계시가 불충하다는 것이 아니라 맥락상 믿음으로 수용된 성문화된 계시 또는 계시의 내용들을 인간의 이성을 통해 사유되고 해석되어야 한다는 의미가 크다는 점이며 아래에서 저자가 언급하는 바처럼 특별계시 이외에 일반은총 영역의 필요성으로 인해 신학은 철학이 필요하다는 점을 주장하는 것이다. 그러나 명심할 것은 성문화된 하나님의 말씀이 자율적 인간 이성의 판단에 의해서 판단되어 그때그때의 상황에 따라 이성의 판단에 의해 변하는 것도 아니며 종결된 성문화된 계시가 이성을 통해 완성된다거나 일반계시를 통해 구원 얻는 신앙에까지 이를 수도 없다−역주.

써 하나님과 함께 전진할 수 없다.

완전한 계시, 즉 가장 광대하고 풍부한 의미에서 계시는 신앙 "그리고" 이성에 의해, 신학 "그리고" 철학을 통해, 거룩한 학문 "그리고" 세속 학문을 통해 우리에게 다가오는 모든 것을 포함한다. (대문자가 아닌) "계몽주의"의 가장 광의적이고 풍부한 의미에는 많은 빛들이 있는데, 이성의 빛과 신앙의 빛이 우리의 주도적인 빛들이다. 하나님은 이 두 가지 빛 모두에게 복을 주셨다. 하나님은 "그리고"에 복을 주셨으며 그것을 안전하게 지키신다.

그래서 필자는 근대성을 향해 비평적인 태도로 막 이동하려고 하지만, 그렇다고 해서 근대성을 단순히 반대하는 것은 아니다. 필자는 이러한 반대가 낭만주의에서 일어난 것이라고 생각한다. 필자가 에어컨과 고화질 TV에 반대하지 않는 것처럼 근대를 반대하지 않는다. 필자는 언론의 자유와 종교적 권위주의로부터의 자유에 반대하지 않는 것처럼 근대에도 반대하지 않는다.

필자는 아무리 변변치 않고 피부가 희든 검든, 여성이든 남성이든, 서양이든 비서양이든 간에 개인의 권리에 반대하지 않는 것처럼, 혹은 결국 계몽주의 이상의 힘 밑에서 드러나는 정치적 이상이기도한 완전하고 자유로운 행복한 삶에 반대하지 않는 것처럼, 근대에 반대하지 않는다.

게다가 필자로서는 이성이 사태를 자기 마음대로 전력을 다해 심사숙고하면서 스스로 기진맥진해져서 기쁘다. 근대성은 우리가 성숙하는 만큼이나 우리에게 중요하다. 근대성은 우리를 성숙하게 하는 하나의 단계이다. 이런 점에서 칸트가 옳았으며 우리가 근대성에 대해 단순하게 반대하는 입장을 취한 시절을 한탄할 것이다.

그러나 우리 자신을 충분히 인식하지 못하게 해서 우리 자신의 한계도 인식하지 못하는 만드는 과도한 자만심(hubris) 같은 것이 있는데, 마치 대부분의 십대들이 부모가 되어 자신들의 부모님들이 결국에는 정말로 잘 알고 있었다는 것과 얼마나 많이 자신들이 여전히 부모님의 도움과 경험이 필요한지에 대한 새로운 존경심을 갖게 될 때까지 모든 것을 안다고 생각하는 것처럼 말이다.

그래서 필자가 근대적 비판과 회의의 정신에 깊은 인상을 받은 만큼 우리가 이런 회의를 의심하고 더욱 합리적이고 대문자화되지 않은 이성에 대한 생각을 지지하기 위해 필자는 이런 비평에 대해 비평하는 것을 망설이지 말아야 한다고 주장한다.

필자는 다음과 같은 내용을 명확하게 할 것이다. 즉, 필자는 근대성을 폐기하는 것에 관심이 있는 것이 아니라 '또 다른 수단들을 통한' 근대성의 연속성에 관심이 있다. 이것이 필자가 요즘에 포스트모더니티라고 명명하는 것을 해석하는 방식이다. 필자는 좋든 싫든 포스트모더니티가 오늘날 철학과 신학의 작업과 과학과 예술의 작업, 정치와 종교의 작업 그리고 거의 모든 것의 작업을 수행하는 조건이 되었기 때문에 포스트모더니티를 간단히 논의할 것이다.

20세기에는 "순수 이성"과 순수 계몽주의를 위한 열정이 경감되었으며 계몽주의가 "이성"이라고 불렀던 것이 많은 측면에서 비난받았다. 계몽주의의 그릇된 점은 정치를 살펴봄으로써 드러날 수 있다. 필자가 방금 말한 바처럼 정치적으로 계몽주의에서 비롯되는 궁극적인 정치적 이상은 철저한 인류평등주의, 즉 인간 개인에 대한 존중과 다른 시각을 가진 자들에 대한 존중이다.

그러나 계몽주의와 이성에 대한 계몽주의의 생각은 그런 이상을 실현시키는 점에서 종종 이성 자신이 최악의 적이었다. 종종 계몽주의가 다루었던 것은 인류평등주의가 아니라 제국주의였다. 계몽주의는 "이성"에 대해서 지나치게 협소한 생각을 가졌고, 또한 이성이 발견되는 곳에 대해서 지나치게 광신적인 생각을 지니고 있었다.

따라서 계몽주의는 이성이라는 왕관을 유럽 백인 남성의 머리에 올려놓았으며, 계몽주의의 임무는 자신의 눈을 들어 다른 곳을 향해 주시한다고 말하며, 전 세계적으로 유럽

백인 남성들의 지배를 확산시키는 것이었다.

이런 상황에 딱 들어맞는 가장 유명한 사례는 "신세계"의 "발견"(필자는 이미 거기에 살고 있는 사람들을 인정하기 위해 이런 낱말을 두려워하면서 인용한다)과 그 이후에 유럽의 문명이라는 미명하에 북부와 남부 미국 원주민에게 자행된 대량학살이다. 이 시대에 모든 인종, 여성뿐만 아니라 서양 원주민들과 모든 유형의 비서양인들은 계몽주의가 가져온 전반적인 인류평등의 힘을 납득하는 데 엄청난 고통을 인내하며 참아왔다. 정치적으로 "계몽주의"라는 깃발 아래 그들을 처음에 모이게 했었던 잠재된 에너지는 분명히 새로운 정황(configuration과 계몽주의의 깃발을 훨씬 덜 휘날리는 것)을 필요로 했다.

그러나 정치와는 무관하게 순수 철학적 생각으로써 "이성"에 대한 계몽주의의 핵심적 생각은 도가 지나치고, 과장되고, 실수한 것으로 판명되었으며, 20세기의 많은 영역에서 공격받았다. 그러나 그러한 공격은 이미 19세기 자체 안에서, 즉 계몽주의를 철저하게 거부한 낭만주의뿐만 아니라 아리스토텔레스가 그리스 철학에서 플라톤의 동반자였던 방식처럼 독일 철학에서 그리고 칸트의 동반자였던 뛰어난 독일 철학자 헤겔(Hegel) 자신에게서 시작되었다. 헤겔은 최초의 위대한 역사철학자, 즉 역사를 철학의 지도에 올려놓은 철학자이다. 헤겔은 계몽주의에 반대하여 "순수 이성"이라는 관념과 이상(ideals)이 현실에 있는 사람들의 육체와 피, 땀과 눈물 속에서 구현될 수 있는 시간과 역사에서 공동작용(coefficient)을 한다고 주장하였다.

그래서 헤겔은 자신이 명명했던 추상적 지성(Verstand)과 강한 역사적 이성을 더욱 구체적으로 수용하는 이성(Vernunft) 사이의 구별을 도입했다. 추상적 지성은 편협하고 순수 형식적이고 비역사적이며 얼마나 옳은가의 문제이다.

데카르트는 협소한 비역사적인 순수 수학적 이성의 관념에 사로잡혔다. 칸트는 이성을 형식적 일관성과 보편성으로 제한하였다. 영국의 로크와 흄은 이성을 더욱 직접적인 경험에 적용하는 것에 국한시켰다. 이 모든 것에 반대하여 헤겔은 이성이 시간 속에서 여러 개의 형식들(Gestaltungen)을 통과하며 펼쳐지고 발전한다는 것과 다양한 방식과 다양한 시기와 공간 속에서 실현된다는 것을 보여주었다.

헤겔은 칸트의 순수 추상적 "도덕성," 즉 모든 사람에게 하나의 보편적 규범으로서 받아들여질 수 있는 "형식적 보편성"이, 그가 윤리적 삶(Sittlichkeit)이라고 명명한 "구체적 보편성"과 구분할 수 없을 정도로 유사해야 한다고 말했다. 여기서 "구체적 보편성"은 이성적 도덕이 실제적으로 구현되는 문화적 사회적 삶의 실제 규범들과 풍부한 관습들 그리고 구체적 관행들을 말한다.

헤겔은 계몽주의에 관한 중요하고 역행할 수 없는 진보를 제시했다. 그러나 헤겔이 단념할 의도가 없었던 한 가지 계몽주의의 이상은 이성이 "체계," 즉 포괄적 전체를 형성하며 이성은 그 체계 속에서 모든 특정한 요소를 지배하는 궁극적 목표나 목적(텔로스)을 추구한다는 생각이다. 소위 포스트모던적 관점에서 볼 때, 체계에 대한 이러한 애착은 치명적 결함이다.

헤겔에게 시간과 역사 속에서 펼쳐지고 있는 것은 강력한 합리성 혹은 합리적 원리이며 그가 "절대자"(absolute)라고 명명한 것이다. 이 절대자는 밑에서부터 진행하여 선회(twist)와 전회(turn)를 통해 역사가 표면상 떠맡고 있는 목적을 추구한다. 하나님은 굽은 행간에 똑바르게 써나가신다.

이런 종류의 생각은 문제의 일부이지 해결점은 아니다. 왜냐하면 이런 생각은 단지 완전히 동일한 "전체"(totaling), 즉 모든 것을 포괄하는 이성의 지배력을 이제 계몽주의가 처음에 제시했었던 역사적 "이성"의 형태로 지속시키는 역할을 할 뿐이기 때문이다. 그래서 예컨대, 헤겔주의자는 유대인 대학살(Holocaust)이 은닉된 역사적 이성의 손에 의해 수행된 계획의 일부라는 견해에 천착(穿鑿)한다. 이러한 점에서 우리는 헤겔이 계몽주의와는 무관하게 선회 속에서

부분적 진보만을 제시한다는 것을 볼 수 있다.

헤겔의 오류는 그가 종교와 신학에 대해 말했던 곳에서 발견될 수 있다. 왜냐하면, 이것들이 본장 여러 페이지에서 우리의 특별한 관심일 뿐만 아니라 헤겔에 대한 종교적 반응이 포스트모던의 출현과 밀접한 관련이 있기 때문이다. 헤겔은 기독교가 절대 종교이며 절대진리라고 말했다. 이런 말은 신학자들에게 광채가 나는 별처럼 들린다. 그것은 좋은 소식이다.

나쁜 소식은 헤겔이 의도했던 것이다. 신학자들은 재능을 가진 철학자들을 분명 경계한다. 헤겔은 기독교가 그림의 형태로 표현된 절대진리이며 매우 참된 것이라고 말하지만 그렇게 말하는 특정한 용어들은 참이 아니며 전체 진리도 아니고 진리가 될 수 있을 정도로 참되지 않다고 말한다.

헤겔이 종교의 진리를 기술하기 위해 사용하곤 했던 낱말은 "표상"(Vorstellung)이다. 이 낱말은 '표현' 혹은 '묘사,' 심지어 '그림'을 의미한다. 이 낱말은 그림 '전시'나 발표를 뜻하는 '표현'(Darstellung)이란 낱말과 관련이 있다. 그래서 헤겔은 기독교가 아름다운 그림, 즉 "그림 같은" 양태로 표현된 진리라고 말한다.

(이 같은 양태로 표현된 기독교 진리는-역주) 어떤 것과 반대가 될까?

이야기꾼이 말하려고 했던 내용을 정돈해주는 꾸미지 않은(unvarnished) 철학적 개념의 진리와 반대된다.

예수님께서 동정녀에게 태어나셨고 여관에 방이 없었기 때문에 마구간에서 누웠고 양치기들을 그 장면으로 부르는 천사의 노래와 동방에서 오는 박사들 등이 있는 마태복음과 누가복음에서 우리가 찾을 수 있는 크리스마스 이야기를 인용해 보자.

이 이야기는 힘 있고 감동적인 이야기이며 가장 아름다운 연하장에 쓰이기도 한다. 크리스마스는 아름다운 카드에 있는 기도의 응답이다. 이 이야기는 진지하게 받아들여질 수 있지만 문학적으로는 아니다. 왜냐하면 이야기식 상상력의 유형에서 그것이 말하고 있는 것은 하나님이 세상에 내재하시며 그 세상은 시공간 속에서 하나님의 삶을 전개시키는 곳이기 때문이다.

헤겔이 성부의 종교라고 명명한 종교의 첫 단계에서 하나님은 동양의 절대 군주처럼 초월적인 전적 타자(wholly other)와 멀리 떨어져 있는 힘, 그리고 순수 명령으로 받아들여진다. 그는 유대주의의 예를 들고 있다.

성자의 종교인 두 번째 단계에서 하나님은 특별한 인간 예수가 되심으로써 인간이 되셨다. 그가 경험한 독특성은 싹트기 위해 분해되는 씨앗처럼 십자가상에서 분해되어야 했다.

그런 후에 우리는 성령의 종교인 마지막 단계에 들어 갈 수 있다. 이 단계에서 우리들 가운데 있는 하나님의 삶은 모든 곳에 전파되며 우리 모두는 역사를 하나님의 삶이 시간 속에서 전개되는 곳으로 이해한다.

다시 말하면, 기독교 신학은 단지 형이상학적 상황을 은유적 방식으로 말하는 것이다. 그것은 다음과 같다. 자연세계는 그 세계를 구성하고 있는 물질적 대상 안에서 객관적 방식으로 나타나는 신적 삶의 표현이며 인간의 문화는 문화적, 영적 삶 속에 나타나는 신적 삶의 표현이다. 헤겔이 한때 그것을 설명한 것처럼 문화는 시간 속에서 나타나는 하나님의 자서전이다. 철학은 절대자 자체가 자기지식으로 돌아오는 문화적, 영적 삶의 가장 높은 형태이다.

헤겔이 말하고 있었던 이것은 신약성경에 관해 역사적으로 입증 가능한 것을 가려내고 아우구스티누스와 같은 후대의 신학자들뿐만 아니라 신약성경 자체에서 이미 작업한 원형(proto) "신학자들"의 사변에 의해서 첨가된 것을 정확히 가려내기 위한 것이었다. 19세기 성경 연구에 새롭게 출현한 역사비평의 결과, 즉 "역사적 예수"를 발견하려는 시도에서 장점을 끌어오는 것이었다. 이것은 불트만(Rudolph Bultmann)이 신약성경을 "비신화하기" 위해 명명한 유명한 표제가 되었다.

> 일반적으로 신약성경에 나오는 예수님의 가르침에 전제된 세계의 모든 개념, 즉 하늘, 땅, 지옥의 세 가지 이야기에서 구성된 세계의 개념, 사건의 과정 속에 나타나는 초자연적 힘의 간섭에 대한 개념 그리고 기적의 개념들은 신화적이다.[3]

이것이 기본적으로 헤겔이 수행하려고 했던 점이다. 이 시대에 "신학자들"과 성경 "역사가들"은 서로 친근하게 지내지 못한다. 역사가들은 신학자들이 독단적(dogmatic) 목적을 위해 성경의 낱말들을 왜곡시켰다고 생각하며, 신학자들은 역사가들이 어떤 사건을 믿지 않는다고 생각한다.

헤겔은 또한 후에 "범재신론"(panentheism)[4]으로 알려지게 되는 철학적 신학의 창시자이다. 미국신학운동은 또한 이것을 영국 철학자 화이트헤드(Alfred North Whitehead)가 활성화시킨 "과정신학"(process theology)이라고 명명했다.

---

3 Rudolph Bultmann, *Jesus Christ and Mythology* (New York: Scribners, 1958), 15.
4 만유내재신론이라고 부른다. 범신론(pantheism)과 범재신론을 간략하게 대조해 보면 범신론은 세계 내 있는 모든 것에 하나님이 내재해 있다. 그래서 우주 전체와 하나님은 동일하다. 반면에 범재신론은 신안에 모든 것이 내재하면서 신은 동시에 모든 것을 초월해 있다. 그래서 우주와 신은 동일하지 않으며 신과 신이 아닌 것의 구별을 주장한다—역주.

범재신론은 모든 것을 완전한(flat-out) 신으로 다루는 단순한 범신론(pantheism)이 아니다. 이것은 모든 것이 하나님 안에 있고 하나님이 모든 것 안에 있는 개념, 각각의 모든 것들은 어떤 방식으로든지 신의 원리를 표현하며 예증하는 개념 그리고 하나님은 자신의 역할에서 분리된 존재라든가 세계와 떨어져 있는 초월적 실재를 가지지 않는다는 개념이다.

키에르케고어가 헤겔주의자들에게 나온 이 같은 것들을 들었을 때마다 그는 고통으로 울부짖었고 그 울부짖음을 발산했다. 그의 상처 받은 가슴에서 나왔던 인상적인 문학작품은 서양 종교 문학과 서양 문학의 시기에 지대한 공헌 중에 하나가 된다.

기독교가 헤겔의 형이상학을 통해 도움을 받은 것이라는 생각과 신앙은 독일 형이상학에 의해 제공된 개념적 사유의 명료성을 얻게 됨으로써 몽롱한 상태의 의식장애(twilight state)에서 벗어나는 것이라는 생각에 대해 키에르케고어는 자신이 마음껏 다룰 수 있는 최고의 방식, 즉 풍자와 조롱으로 반응하였다.

만일 철학이 문화적 혹은 영적 삶의 가장 뛰어난 형태이고 독일 철학이 가장 뛰어난 철학의 형태이며 헤겔이 가장 뛰어난 철학자라면 하나님이 자연세계로 내려오셔서 문화적 혹은 영적 삶 속에서 자신의 머리를 맑게 할 때 하나님은 독일 철학자(누구인지를 추측해 보아라!)로 깨어난다는 것을 의미해야 한다고 키에르케고어는 생각했다.

모든 풍자를 사용해서 키에르케고어는 자신 이후에 유럽 철학사를 다시 세우는 철학적으로 예리한 비평을 했다. 그는 철학의 종말이 아니라 비판받는 새로운 철학을 생산하는 철학을 종교적으로 비판하고 반격한 실증적 사례이다.

키에르케고어는 기독교를 십자가, 그리스도, 그리고 십자가에 못 박힌 그리스도이며, 자신이 태어난 덴마크에는 헤겔주의 철학자는 없었다고 간략하게 말했다. 유럽 전역에서 신앙을 능가하는 것은 말할 것도 없이 그 신앙에 필적하려는 주변 어딘가에 그가 아는 한 누군가가 있었다고 장담했다. 아브라함이 신앙의 도리를 배우는 데는 일생이 걸렸다. 그는 신앙의 아버지였다. 그리고 우리는 기독교인이 되려고 하는 데 우리의 일생을 보낼 수 있으며 결코 그렇게까지 오래 걸리지 않을 수 있다.

그러나 헤겔주의 철학자들은 얼마나 대단한가! 아브라함과 기독교가 도달했던 만큼뿐만 아니라 그것들을 능가했던 헤겔주의자는 환호를 받았다. 그리고 이런 환호는 상대적으로 이른 시기에 대학에서 좋은 보수를 받는 지위에서 나오는 모든 안락을 가진 상태에서 일어났다. 키에르케고어는 신약성경이 "세상"에게 준 모순과 추문(scandal)에 대해 힘 있게 주장한 20세기 기독교 신학의 탁월한 천재 중 한사람인 "신정통주의"의 아버지 칼 바르트에게 주요한 19세기의 배경 인물이 되었다.

니체가 독일 형이상학을 조롱했고 창백한 장의사, 개념적 시체 처리자, 그리고 마지막 구름이 수증기로 변하는 실재의 일면[5]에 나타나는 분필 먼지를 가지고 장난치는 사람으로 불렀던 것처럼, 그를 따라 키에르케고어는 순수하고 역사적인 이성을 전체화하는(또는 절대시하는-역주) "전체주의화"(totalization)에 대한 비판의 무대를 20세기를 위해 마련했으며, 결국 "포스트모던"이라는 낱말을 유포하게 된다.

---

[5] 이 표현은 니체가 전통 형이상학 특히 플라톤에 반대하여 "존재를 증발하는 실재성의 최후의 연기"(das Sein den letzten Rauch einer verdunstenden Realität)라고 명명한 언급을 염두해 두며 말한 것 같다. 이를 위해 하이데거의 전집 *GA* 51에 있는 *GrundBegriffe* (Frankfurt am Main, Vittorio Klostermann: 1981), 34와 우리말 번역으로 마르틴 하이데거, 『근본개념들』 박찬국, 설민 옮김 (서울: 도서출판 길, 2012) 참조-역주.

5장
포스트모던: 해석학적 전회, 언어적 전회, 혁명적 전회, 포스트모던적 전회

포스트모던의 출현 배후에는 신학적(키에르케고어) 동기뿐 아니라 반신학적(니체) 동기도 있었다. 그러나 아무리 그것을 여러분이 차단할지라도 근대의 주요한 흐름이 세속화를 향해 있었다면 포스트모던이라고 명명되는 무언가가 포스트모던과 협력하여 최근에 어떤 경향을 얻게 된 낱말, 즉 후기-세속(post-secular)의 개방을 제공할 것이라는 점은 피할 수 없을 것이다.

만일 근대와 세속이라는 긴 팔이 너무 지나치게 뻗어있다면 포스트모던적 상황 속에서의 신학을 위한 가능성은 무엇인가?

포스트모던 신학은 무엇인가?

포스트모던적 상황에서의 신학은 무엇인가?

좋든 싫든 마치 13세기의 신학이 서양 유럽을 휩쓸었던 아리스토텔레스가 부흥하는 한가운데서 발전한 것처럼 그리고 아우구스티누스의 신학이 그가 살았던 후기 고대의 세계에서 구체화된 것처럼 오늘날 신학은 포스트모던적 환경에서 작동하지 않는가?

신학은 진공상태에서 결코 존재하지 않았으며 신학과 주변 문화와의 "상호연관성"을 주장한 신학자들의 강력한 조력자인 철학도 마찬가지다. 신학은 구체적인 시간과 문화와 언어 속에서 태어나며 좋든 싫든 신학은 철학과 그 당대의 문화에 영향을 받는다. 신학자들은 자신들이 말하도록 요청받았던 낱말들을 수단으로 해서 계시를 낱말들로 나타내며 이 낱말들은 그들이 살고 있는 세계에 의해 주어진다.

단순화를 목적으로 하기 위해 필자가 극단적으로 단순화시키고 있다는 것을 인정하면서 포스트모던적 상황이 형성하고 있는 세 가지 배경적인 생각을 선택할 것이다.

첫째, 하이데거(Martin Heidegger)가 『존재와 시간』(1927)에서 설명한 것처럼 우리는 우리가 존재한다는 것을 알게 되자마자 우리가 이미 거기에 있다는 것을 발견하게 된다고 논증하였다. 하이데거가 분명하게 키에르케고어로부터 자극 받았다는 곳이 이 부분이다. 실제로 그런 외견상 동어반복이 많이 나타난다. 하이데거의 이러한 논증은 우리가 우리 자신의 근원을 파악할 수 없으며 우리들 자신이 출생하는 것을 볼 수 없고 우리가 결코 우리의 피부로부터 나올 수 없고 위로부터 우리 자신을 내려다 볼 수 없다는 것을 의미한다. 우리는 "항상 이미"[6] 현재 존재하는 존재자이며 오히려 불가능한 것을 시도하는 것이 아니라 데카르트식의 전제 없는 출발을 하기 위해 물려받은 전제들로 형성된 진리 안에 있다는 것을 깨달아야만 한다.

이러한 전제들이 우리를 묶거나 못 보게 하는 것이 아니라 오히려 우리에게 우리의 관점과 우리의 진입 시각(angle of entry)을 주며 먼저 우리가 이해할 수 있도록 해주고 세계 그 자체가 현시점에서 우리에게 제시하는 방식을 부여해 준다. 시각들(angles)은 구부려지거나 왜곡될 수 없다. 시각들은 우리에게 접근을 가능하게 해준다.

이러한 시각들이 없다면 마치 전조등에 꼼짝 달싹 못하는 사슴의 표정을 지으면서, 자신의 연구 논문 주제를 논의하기 위해 교수님을 찾아온 학생들처럼 길을 잃게 된다. 왜냐하면 학생들이 그 논문을 읽는 동안(필자는 너그럽다) 그들은 필수적인 한 가지, 즉 관점이 부족하기 때문이다. 그것을 해석학적 전회(hermeneutic turn)라고 불러보자.

---

6 영어식 표현 always already는 독일어식 표현 je schon으로 하이데거가 현존재가 세계-내-존재로 있는 동안 그 현존재의 존재양식을 표현할 때 쓰는 표현이다-역주.

둘째, 데카르트가 『성찰』을 썼을 때 이미 쓰고 있었다는 단순한 사실을 생각해보자. 또 다시 강펀치를 날리는 동어반복이 있다. 즉, 데카르트가 모든 것을 의심하고 자신의 의식을 새로 시작하며 출발점에서 시작하려고 할 때, 그의 주목에서 벗어난 전제들 중에 한 가지는 의심하는 모든 작용이 언어에 달려 있었다는 점이다.

데카르트가 자신의 예수회 선생님들로부터 차용한 낱말, 즉 "성찰"을 사용함으로써 일종의 영혼 그 자체와의 내적 독백, 곧 독백적, 무세계적인 순수한(여기에 핵심이 있다) 언어 이전의 영혼 그 자체와 접촉을 제시하고 있다. 그러나 물론 그가 말했던 모든 것, 필자가 의미한 바는 그가 말했던 모든 낱말은 자신이 예수회에서, 예수회 이전의 스콜라 철학자들 혹은 부모님들에게서 그리고 그가 학교에서 읽었던 책들 등에서 물려받아 사용했던 낱말들에 깊이 뿌리 박혀있다.

그래서 하이데거가 『존재와 시간』에서 데카르트를 비평했을 때 그는 데카르트처럼(또는 그 문제와 관련하여 다른 사람들처럼) 말하지 않기 위해서 데카르트를 거꾸로 세우는 것이 필요하다는 것을 인식했다. 왜냐하면 "의식," "객관," "의심," "나" 등과 같은 데카르트의 낱말들은 모두가 짐이 되기 때문이다.[7] 이 낱말들은 여러분이 그것들을 사용한다면 급류 속의 카누처럼 예정된 길로 여러분을 이끌어 주는 타고난 리듬감이라는 장비가 된다.

어휘들은 어떤 자물쇠에 꼭 맞는 열쇠와 같고 어떤 일을 수행할 수 있는 도구와 같으며 어휘들은 자신에 관련된 목적을 가진다. 어휘들은 공적이고 문화적인 존재자(entities)이며 근대 농산물이 제초제와 살충제 속에 있는 것처럼 어휘들은 공적인 전제와 편견과 사전에 설정된 경향에 깊이 스며들어 있다. (하이데거가 대륙에서 중요한 철학자인 것처럼 앵글로 아메리카에서 중요한) 비트겐슈타인(Ludwig Wittgenstein)이 말한 바처럼 사적 언어(private language)는 없다.

데카르트가 자신의 『성찰』을 어디에서 시작하든지 공적 언어 한 가운데서 시작할 것이다. 순수한 사적 언어 이전의

---

7 하이데거는 전통 형이상학에서 특히 근대에서 인간에게 사용된 자기의식(selbstbewußtsein), 나는 생각한다(*cogito*), 실체나 주체 개념이 자기 앞에 있는 심지어 자기까지 포함하여 모든 것들을 표상하거나 대상화한다는 자기성 개념을 비판한다. 대신에 그는 인간의 현존재(Dasein)라는 의미를 통해 현존하는 것을 받아들이고 존재자가 현존할 수 있다는 것을 전제하는 수동적 주체이며 규정되지 않는 자기인 단독적 자기(*solus ipse*: 솔루스 잎세)를 말한다. 이 단독적 자기는 가능할 수 있는 가능성이 열리는 지평으로 현존재의 자기성이 처해져 있기 때문에 표상하고 의식하고 사고하는 실체나 주체로 인간 현존재의 자기성을 규정하지 않으며 자신의 존재가능을 계속해서 경험하는 현존재로서의 인간이다—역주.

영역과 같은 것은 없을 것이며 언어를 추구하는 것은 또 다시 언어에 대한 오해가 될 것이다.

우리가 생각에 빠져드는 경우는 어떤 신비적이고 언어 이전 상태와의 순수한 접촉을 위해 언어를 쏟아낼 때가 아니라, 새롭고 복잡해지고 미묘한 어휘들이 떠오르게 될 때이다. 젊은 부모들이 자신들의 아이가 천재라는 확실한 증거로서 자신의 아이가 사용하는 어휘가 얼마나 많아졌는지 자랑하려고 할 때 생각에 빠져든다. 앞의 비유로 되돌아가 보자. 즉, 연구 논문에 대해 도움을 찾고 있는 학생들이 부족한 점은 "할 말"(something to say)이다. 이것을 언어적 전회(linguistic turn)라고 불러 보자.

셋째, 다음의 전회는 과학 역사학자 토마스 쿤(Thomas Kuhn)이 1962년에 매력적이지만 혼란스러운 것을 지적한 『과학혁명의 구조』(*The Structure of Scientific Revolutions*)를 출판했을 때 발생했다. 과학적 실증주의 신화와 대조하여 과학자들은 자동화된 정보 수집 체계처럼 정보를 기록하는 순수하고 냉혹한 관찰자가 아니다. 그들은 직감과 직관 그리고 강한 감정을 지닌 혈과 육이 있는 사람이다. 그들은 수동적으로 기록하는 것이 아니라 능동적으로 계획한다.

게다가 과학에 실제로 새로운 것이 발생했을 때 이러한 발생은 우리가 새로운 항목을 옛날 목록에 첨가했기 때문이 아니라 전체가 탈바꿈되었기 때문이다. 그는 자신이 의도했던 완벽한 예라고 할 수 있는 코페르니쿠스적 혁명의 역사에 대한 연구에서 이것을 말하게 되었다. 코페르니쿠스적 혁명은 새로운 정보를 첨가하는 것이 아니다. 오히려 프톨레마이오스의(Ptolemaic) 설명 하에서 이용할 수 있는 것과 같은 동일한 정보를 탈바꿈시키지만 그 정보를 더욱 단순하고 더욱 우아하고 더욱 적합하게 조직한다.

여러분은 지구가 정지해 있으며 모든 천체가 우리 주변을 돌고 있다고 추정할 수 있지만 수학은 매우 복잡하다. 코페르니쿠스 자신은 수사였으며 교회의 압력 아래서도 자신의 이론을 믿지 않을 수 없었다. 그는 학생들에게 긴 증명을 통해 동일한 결과를 얻을 수 있는 손쉬운 증명을 제시하는 수학 교사처럼 선원들에게 별의 운동을 예측하는 속기의 방법으로써 그 이론을 제안했을 뿐이다.

쿤은 과학자들이 특정한 실험을 조직하는 지배적인(overarching) 틀 밑에서 작업한다고 제안했으며, 이 구조를 그는 "패러다임"이라고 명명하였다. 이따금씩 그들은 매우 다루기 힘든 이례적인 것을 만나서 그것을 옛 패러다임에서 해석할 수 없기 때문에 자신들이 사용해온 패러다임을 전적으로 재고하고 또 다른 패러다임으로 전환하는 것이 더 쉽다는 것을 안다. 그리고 다른 혁신들처럼 새로운 패러다임은 그것이 구체화되기 전에 공격을 받는다.

젊은 대학원생과 조교수들은 새로운 패러다임을 좋아하며, 임기가 보장된 교수는 그것을 싫어하고 후에 은퇴하고 죽을 때나 결국 시류에 영합할 만큼 눈에 뛰게 충분히 설복당할 때에야 비로소 그것을 받아들인다.

그러나 혁명이 시작 되었을 때에 모든 "증거"는 옛 왕실 근위대(old guard)를 편들고 있으며 전위파(avant-garde, 아방가르드)는 대개 통찰과 직관을 따라 행동한다. 그래서 사태들(things)은 과학적 객관성을 옹호하는 사람들이 생각하기를 좋아하는 것보다 예술적, 정치적 혁명들과 아주 닮은 방식으로 쿤의 "과학적 혁명"에서 발생한다. 그것을 혁명적 전회(revolutionary turn)라고 부르자.

쿤에게 형세들(tables)은 전회하기 시작하며 이제 신화화하는 것으로 비난 받는 것은 종교가 아니라 과학적 객관성을 지지하는 자들이다. 19세기 실증주의자들(positivists)이 만일 이러한 비난을 들었다면 기절했을 것이다. 물론 쿤은 과학적 객관성에 반대하지 않는다. 그는 단지 그것을 다시 기술했을 뿐이다. 그는 "객관성"이 일종의 영원한 지식이 아니라고 말했다. 객관성은 "통상적인" 과학, 즉 대부분의 과학에 있는 것처럼 설정된 패러다임 하에 실행되고 있는 과학에서 여러분이 얻을 수 있는 일종의 사태이다.

그러나 드물게 나타날 수도 있는 과학의 위기들 속에서 사태들은 계몽주의가 스스로 감히 생각해 보는 것보다 훨씬 더 손쉽게 포착될 수 있다. 쿤 또한 "이성"에 반대하지 않았다. 그는 오히려 또 다른 사태보다 하나의 사태를 사유하기 위해 "타당한 이유들"(good reasons)이 있는 훨씬 더 합리적인 생각의 관점에서 이성을 재진술하고 있지만 그렇게 하기 위해 영원을 획득한 것처럼 확신하거나 모든 논쟁을 확정적으로 결론짓는 알고리즘(algorithm)을 비밀로 지닌 것처럼 하지 않는다.

그 모든 것은 계몽주의가 사라지면서 우리에게 팔려고 했던 많은 것을 효과적으로 표현한다. 속이 다 시원하다. 순수 무세계와 유아론적 주체의 생각, 순수 무전제적인 과학에 대한 생각, 순수 언어 이전적 세계, 순수 대상, 순수 의식, 그리고 순수 이성이 없어져서 속이 시원하다. 오래된 순수하지 않은 좋은 사상들을 우리에게 주라!

세계는 근대인이 생각하는 것보다 훨씬 더 복잡하며 훨씬 더 감상적이며 계획이 잘 수립되어 있지 않으며 덜 규범적으로 다스려지고 더욱 열려진 마음과 열린 구조이다.

이것은 제임스 조이스가 "혼돈 속의 질서"(chaosmos)라고 부르는 것[8]과 더 잘 어울린다. 그는 이 혼돈 속의 질서란 말로 단순한 무질서라든가 단순한 길거리의 무정부 상태가 아니라 혼돈(chaos)/질서(cosmos), 즉 어떤 많은 무질서로 느슨해져 있는 질서를 의미하고자 했다. 이 혼돈/질서는 질서 속에서 무질서를 변화시키고 다시 조직하고 전진시키고 이동시키고 새로운 패러다임과 언어 그리고 시각을 일으키도록 하는 원동력이다.

쿤의 과학적 분석에서 받아들여진 해석학적 전회와 언어적 전회 그리고 혁명적 전회, 다시 말하면, 인간의 사유는 변화하는 관점과 어휘 그리고 패러다임 가운데서 움직이는 능력에 의존한다는 집단적(collective) 생각이다. 이러한 변화는 관점과 어휘 그리고 패러다임들 중 어느 것도 하늘에서 떨어지지 않았다는 우리가 포스트모던적 전회(postmodern turn)라고 명명하려고 하는 것을 구성한다.

창문들이 세상을 향해 열리기 시작하며 "순수 이성"의 빛 이외에 다양한 빛 속에서 신앙의 빛, 은혜의 삶, 예술 놀이, 계몽주의가 생각했던 불가능한 것의 가능성을 허용한다. 종교와 신학을 위한 새로운 가능성들이 막 출현했다.

이러한 순간이 포스트모던이란 낱말을 유명하게 만

---

8 James Joyce, *Finnegans Wake* (London: Faber & Faber, 1960), 118.

든 리오타르(Jean-Fancois Lyotard)에게서 무르익었다. 그는 이 낱말을 1977년에 『포스트모던의 조건』(*The Postmodern Condition*)에서 "거대 담론(meta-narratives)에 대한 불신"으로 규정하였다. 이 낱말은 유명해졌다.

왜냐하면 그 용어는 이미 유리와 강철로 만들어졌지만 고딕식 대성당의 선들을 강조하는 근대 빌딩들처럼 역사적인 것을 인용하는 방식으로 근대 건축학의 거친 선을 부드럽게 하는 건축학적 절충주의를 가르치는 건축학 이론에 통용되고 있기 때문이다.

리오타르가 사용했던 "거대 담론"으로 번역된 프랑스 말은 "거대 서사"(grands recits), 즉 "거대한 이야기들"이다. 다시 말하면, 거대한 지배적 설명들인 "역사는 그저(nothing but) 절대정신의 전개일 뿐"이거나 "그저 변증법적 유물론 법칙의 전개일 뿐"이거나 "그저 여러분의 엄마를 바꾸려는 욕망일 뿐"이거나 "그저 강자에 대항하는 약자의 분노일 뿐"이거나 "그저 이런 저런 다른 것과 같은 것들일 뿐"이라고 주장했던 "전체화하는 이야기들"(그는 헤겔에 대해 생각하고 있었다)이다. 이러한 "그저~일 뿐"(nothing but)으로 충분하다.

리오타르가 "불신"을 언급했을 때 그 말은 자신의 입장에서 가장 적절하게 선택한 낱말이었다. 그는 그 나름의 큰 이야기를 요구하는 "반박"이나 그것들을 논박할 만큼 충분히 큰 이야기를 언급한 것이 아니다.

리오타르는 이런 이야기들은 허세이며 그 자체를 증명하지 못하고 우리는 그것들을 더 이상 믿지 않는다는 것을 말하고 있다. 그 이야기들은 신빙성이 없으며 우리들은 그것들을 의심해왔다. 사물들이 과학에서 실행된 방식이나 그것들이 역사에서 전개되는 방식을 주의 깊게 관찰하는 것을 통해 우리는 이 같은 단순하고 지배적인 이야기들의 단점이 드러나는 것을 볼 수 있다.

이처럼 포스트모더니즘은 이것을 잘 이해하지 못하는 비평가들이 거의 매일 비방하는 것처럼 상대주의나 회의주의가 아니라, 세부사항에 대한 자세하고 세심한 주의와 복잡하고 다양한 상황, 치밀한 독해와 구체적인 역사, 그리고 차이에 대한 민감성을 의식하는 것이다. 포스트모더니스트들은 세부사항에 어려움이 있다고 생각하지만 또한 이런 어려움 중에 어떤 것도 하나님에게 적대감을 불러일으키지 않을 것이라고 희망하는 이유를 가지고 있다.

키에르케고어가 날카롭게 역설적으로 말한 바처럼 근대인들은 바벨탑이라는 "체계"에서 열심히 작업하고 있는 셈족(Semites)과 같지 않은가?

그리고 포스트모더니스트들은 바벨탑을 무너뜨리는 데

있어서 다양한 언어들과 구조들, 패러다임들, 관점들 그리고 시각들을 분명하게 지지하는 하나님의 인도를 따르고 있지 않는가?

종교적 관점에서 포스트모더니즘은 하나님의 관점이 하나님을 위해 있지만 인간의 관점은 하나가 아닌 다양한 시각들 안에 담겨져 있다고 주장하지 않는가?

6장
철학과 신학의 관계를 "그리고"에서 "~로서 보는 것"으로의 전환[1]

이러한 새로운 포스트모던의 무대에서 늙어 백발이 된 머리를 보여주려고 용기를 내야 하는 종교와 신학에 대해 논의해 보자.

여러분은 필자가 이제 어디로 향해왔는지를 알고 있다. 비트겐슈타인이 맨 처음 제시한 개념인 "언어게임"을 사용해서 리오타르는 개별적 언어게임이 고유한 규칙과 고유한 권리를 가진 환원할 수 없는 언어게임의 다수성을 제시했다. 그래서 다른 일계언어(first order)나 대상언어(object-language)로 번역될 수 있는 하나의 "메타-언어"(혹은 상위언어)는 없다(이것은 번역을 고무시켜주는 표현이다). 그는 하나의

---

[1] as는 우리 말 "~로서"(신분, 자격, 지위)의 의미와 "~로써"(재료, 원료)의 의미와 "~로"(신분, 자격)의 의미를 모두 포함한다-역주.

게임으로 오락의 형태를 의미했던 것이 아니라 완전히 진지한 일, 즉 여러분이 규칙 따르기를 연습하고 동의함으로써만 배울 수 있는 규칙이 지배되는 행위를 의미했다.

비트겐슈타인은 언어게임의 다양성을 주장함으로써 이러한 모든 게임이 규범적인 메타-언어의 사용으로 번역될 수 있다는 생각에 저항했다. 다양한 게임들을 통해 우리는 언어를 배움으로써만, 즉 어떻게 일들이 그 언어 속에서 수행될 수 있는지를 배움으로써만 인류학자들이 말하는 바처럼 "원주민과 같은 생활을 함으로써"(going native)만 그 일들을 이해할 수 있다는 것을 안다. 여러 개의 게임 간의 이동은 일종의 도약이나 전환, 한 게임에서 다른 게임으로 이행하는 패러다임의 전환에 의해서 가능해진다.

비트겐슈타인이 여러 가지의 게임으로 의미한 것은 프랑스어와 독일어 그리고 스페인어("자연어")가 아니라 과학, 예술, 윤리, 정치, 종교 등의 언어게임이었다. 각 언어게임의 완전성과 특이성이 존중되어야 한다. 다른 모든 언어들에서 진행되고 있는 모든 것이 그 언어들 중에 한 가지의 언어, 즉 자연과학으로 번역될 수 있다고 선언한다면 그것은 언어게임에 대한 생각에 맞지 않으며 결국 언어 그 자체에 대한 생각에 맞지 않는다.

그래서 만일 혹자가 인간의 동정(윤리학)이 어떤 진화를 처리하는 기계(생물학)에 불과하다고 말한다면 그것은 불공평한 게임이고 과학적 환원주의이며 환원할 수 없는 것의 환원이다. 물론 윤리학에서 선택한 예는 임의적인 선택이 아니라 근대성에 의해서 제기된 주요한 위협의 전형, 즉 인간의 가치가 과학적 대상으로 환원된다는 것에서 나온 것이다. 물론 오늘날의 과학의 패권주의(hegemony)는 전근대에 주요한 위협을 제기했던 신학에 의해 실행된 이전의 패권주의와 일치한다(그 권력을 가진 사람은 누구나 그 권력을 남용하였다).

이것은 과장이 아니다. 많은 포스트모던철학자들은 철저한 세속주의자들이며 그들의 19세기 영웅과 선배는 키에르케고어가 아니라 니체였다. 자연과학의 위협적인 명성을 완화시키고 다른 형태의 담론을 경청하는 그들의 관심은 종교가 아닌 예술과 문학에 자신들의 관심을 촉진시키는 데 목적이 있다. 그러나 이런 모든 세속적 사상가들조차도 수행했던 분명하고 오류 없는 결과, 다시 말하면 필자의 견해로 그들이 매우 성공적으로 성취했던 피할 수 없는 결과는 종교와 신학, 곧 "하나님이 우리를 도우신다"에 대해 경청했다는 것이다.

즉, 종교와 신학을 경청하는 것이 종교에 대한 근대비평가들을 불편하게 한 것 못지않게 똑같이 세속화된 포스트모더니스트들을 불편하게 한 점을 경청했다는 것이다. 철학자들이 실제로 신학에 대해 딴 속셈을 가지고 있을 때 그 속셈은 근대와 포스터모던 사이의 구별을 널리 알리는 것이다. 신학에 대해서 어떤 철학자들은 공격적이었다.

그러나 포스트모던적 전회의 부정할 수 없는 결과는 종교적, 신학적인 담론이 자신의 권리를 주장하는 것을 가능하게 한다는 것이다. 예술적, 윤리적 언어처럼 종교적 담론 역시 비트겐슈타인이 명명한 것처럼 그 담론의 환원할 수 없는 "삶의 형식"을 구성한다. 환원할 수 없는 삶의 형식을 구성한다는 것은 어떤 환원할 수 없는 일들이 종교적 담론이라는 삶의 형식에서 수행된다는 것을 의미한다.

다시 말하면, 종교적 "언어게임"으로 전환됨으로써만 수행되는 어떤 일들을 의미하는데, 그 종교적 언어게임은 하나님에 대해서 뿐만 아니라 하나님에게 말하는 것을 의미하는 기도처럼 그 자체의 모든 담론적(discursive) 형식들을 포함한다. "하나님"을 말하는 것은 더 이상 비경험적 가설(자연주의, 실증주의)을 나타낸다는 이유 때문에 제거될 수 없으며 더 이상 윤리학(칸트)으로 환원되는 것도 아니다. 하나님의 이름에 대한 의미는 결국 이러한 이름을 사용하는 사람들의 삶의 형식 속에서 그 이름이 효율적으로 사용되는 종교적 공동체의 구체적인 삶 속에 새겨져 있다.

"신학"의 의미는 이러한 삶의 형식을 말로 나타내는 것이다. 또한 그 삶의 형식 속에서 발생하고 있는 것을 전개하고 상술하고 해석하는 것이고, 다른 삶의 형식들 속에서 발생한 것과 관련시키기 위해 노력하는 것이다. 종교는 환원될 수 없는 그 자신의 패러다임과 언어 그리고 관점을 구성한다.

그리고 만일 종교적 담론이 그렇다면 신학 또한 그렇다. 신학은 항상 종교를 뒤따라가야 한다는 것을 명심해라. 이것에 대한 좋은 예가 주교이면서도 신학자였던 아우구스티누스였다. 즉, 그는 목사이며 설교자이며 신앙의 삶과 밀접하게 관련된 사람이었다. 그의 신학은 교회 회중들과의 생생한(living) 대화 속에서 성장했는데, 이러한 대화가 그의 신학이 살아 있는(living) 신앙을 개념화한 것임을 확실하게 해준다.

요즘에 그러한 패러다임은 두 얼굴로 변해버렸다. 한편으로 주교는 거의 신학자가 아니라 관료와 재무책임자, CEO, 관리자 그리고 위험 관리 전문가가 되었다. 다른 한편으로 신학자는 다른 학자들을 제외하고 실제적으로 어느 누구도 읽을 수 없는 논문을 쓰면서 임기가 보장되는 교수직을 얻고 교육기관에서 승진을 획득하는 데 분주하며 그들은 교회에서 실제적으로 신앙을 실천하는 것과 거의 소통할 수 없게 된다. 그래서 종교와 학문적 신학 사이에는 중요한 경계선이 있다. 이 경계선은 두 영역 모두에 이롭지 않다. 또한 우리는 이 경계선을 간과해서는 안 된다.

이제 포스트모던적 전회 속에서 신앙[2](faith)과 이성 간의 선이 다르게 그려질 필요가 있다는 점이 분명해졌다. 신앙의 시대에서 그리고 사태에 대한 전근대적 관점에서 신앙은 권위를 가졌으며 지성(understanding)은 신앙의 도움 속에서 작동한다.

근대의 관점에서 그 형세가 전회되었으며(turned) 이성은 인간의 일에 공적이고 권위적인 인도자가 되었다. 반면에 신앙은 사적인 자유 영역에 제한되었고 그곳에서 신앙은 안전하게 되었고 도피하는 곳이었다. 어느 경우에서든지 신앙과 이성의 관계는 위계적이었으며 일반적으로 추정해 볼 때 신앙과 이성이 정의상 서로 다르다.

그러나 우리가 포스트모던적 전회 속에서 취해진 사태들

---

[2] 저자는 여기에서 과학자들이나 철학자들이 갖고 있는 철학적이거나 과학적인 전제나 가정에 대한 faith를 기독교인들의 신앙이나 믿음(faith)과 동일시하며 우리가 일반적으로 말하는 믿음(belief)이나 신념이라는 낱말을 신앙(faith)으로 아우르며 표현하고 있다. 저자가 보기에는 이것이 바로 그의 포스트모던적 사유 방식이라고 생각하는데, 이는 낱말적인 의미에서 faith를 무엇인가를 신뢰하고 믿는다는 지평에서 동일하다는 것만을 강조하여 기독교적 신앙과 철학적 혹은 과학적 믿음이 동일한 것으로 간주한다면 이것들이 믿거나 신앙하는 대상과 원인이 다르다는 것을 무시하는 것이기 때문이다-역주.

의 과정을 반추해본다면 신앙과 이성의 이러한 구분이 더욱 불분명해지는(porous) 것은 분명하다. 쿤의 패러다임 사례를 생각해 보자. 정상과학[3]의 시기에 젊은 초보과학도들은 일반적 추정이나 가정, 말하자면 지배적인 패러다임 속에 있는 일반적인 과학적 신앙(faith)에 의해 조성된 세계에 입문하게 된다. 그러한 신념 그 자체는 과거에 믿을 만한 것으로 입증되었으며 전문가들은 미래에 나타날 그 결실을 확신한다. 이것은 그들이 신앙(fides)을 가지고 있다는 것을 의미한다.

결국 전문가들의 경험과 권위는 초학자의 확신을 고무시킨다. 마찬가지로 혁명적 과학의 순간에 우리는 신앙의 위기와 관련하고 있다. 옛 왕실근위대는 전통적 패러다임이 궁정혁명(palace coup, 친위 쿠데타)보다 오래 존속한다는 확신이 확고하며 옛 가정들이 아직도 타당하다는 것을 확신한다.

그러나 아방가르드도 동일하게 그것이 옳다는 것을 확신하며 정기간행물과 서적들로부터 축적된 모든 증거가 전통적 전제들을 지지하지만 미래가 자신의 편에 있다는 것을 동일하게 확신한다. 우리가 나른 과학적 논증들과 그 주장에 대한 다른 실험적 확정을 추구하는 것에 대해 말하고

---

[3] 정상과학과 혁명과학은 쿤이 설명한 개념이다. 정상과학은 패러다임이 제시하는 틀 속으로 연구대상을 넣으려는 시도이다—역주.

있다는 사실을 염두해 볼 때 여기에서 우리가 가질 수 있는 것은 갈등관계에 있는 신앙들 간의 전쟁이다.

서로 갈등하는 신앙들의 개념이 전혀 은유나 일종의 인과적 비유가 아닌 이유는 해석학적 전회와 관계가 있다. 이해한다는 것은 순수 대상에 대한 일종의 순수 직시가 아니다. 실제로 우리는 항상 세상으로부터 정보(input)를 받고 있지만 우리가 받는 것은 무엇이든지 수용할 태세를 갖추고 있어야만 하는 수용자에게 어울리는 방식 속에서 수용된다. 대부분의 기본적인 지각조차도 그 당시 확정되고, 또는 그렇지 않을 수 있지만 기대의 순간에 만들어진다.

문을 열 때 우리는 바람이 휘날리는 대초원이 아니라 집 안으로 들어오는 것을 기대한다. 우리가 전화번호부책을 집어들 때 그것의 무게를 느낀다. 우리가 의자에 앉을 때 그 의자가 우리를 받쳐줄 것을 기대한다.

지각 가능한 세계는 매우 정합적인 기대들, 즉 하이데거가 "해석적 선-구조들"(interpretive fore-structures)의 앙상블(ensemble)이라고 명명한 것인데, 이러한 해석적 선-구조들의 앙상블에 의해서 우리는 적절한 가정들, 즉 이러저러한 것 "으로서"(as) 사태를 "받아들이는" 방식들을 통해 전체 세계로 나아갈 수 있으며, 그곳에서 우리가 받아들인 것을 움직이고 들고 사용하고 먹거나 마시고 혹은 다정하게 그것을 맞이한다면 우리의 기대들은 확정된다.

또는 그렇지 않을 수 있다. 우리가 우리 자신을 친근하지 않은 대상 속에서 발견할 때 혼란을 겪는 이유는 예컨대 우리가 외국 문화를 접할 경우에 앞으로 우리가 무엇을 기대할지 알지 못한다는 점이다. 우리는 어떤 전(pre)이해와 내포된 개념적 틀 그리고 연구의 진행을 확정시키는 또는 그렇지 않을 수 있는 방식 속에서 세상을 세밀하게 계획하는 개념의 망(webs) 때문에 지각 가능한 세계를 돌아다니는 것과 대체로 동일한 방식으로 개념화할 수 있는 세계를 돌아다닌다.

우리는 이러한 해석적 선-구조들 속에 우리의 신뢰를 부여 한다. 우리는 해석적 선-구조들이 불신되지 않거나 불신될 때까지 믿는다. 우리는 이것들을 신뢰해야만 한다. 왜냐하면 그렇지 않으면 우리가 하루에 몇 번이고 쓸데없이 시간 낭비해야 하기 때문이다.

실험실에 있는 과학자들 혹은 먼지 쌓인 문서를 뒤지는 역사가들이 개념화하는 작업뿐만 아니라 지각 가능한 삶의 순조로운 흐름은 우리가 신뢰하고 결국 재교정하고 개혁하고 그렇지 않으면 다시 만드는 적절한 예견 가능한 구조를 소유하는 것에 달려 있다.

달리 말하면, 항상 철학과 신학 사이의 협상의 근원에 있어왔던, 즉 철학과 신학이 영향력 있는 위치를 확보하기 위해 필요한 각 거래의 근원에 있어왔던 이성과 신앙의 전통적 구별 속에서, 이성은 일종의 보는 것, 곧 분명하게 보는 것이며 신앙은 바울이 말한 바처럼 일종의 보이지 않는 것, 즉 부분적으로 유리를 통해 어둡게 볼 수 있다고 가정하는 것이다.

여러분이 이성 앞에 전근대인들이 가진 신앙을 놓든지 근대인들이 가진 이성에 신앙을 종속시키든지 여러분이 전통적 논쟁의 어디에 서 있든지 간에 여러분은 보는 것과 믿는 것(신앙)이 별개의 것이라고 생각하려고 한다.

그러나 해석학적, 언어적 패러다임의 전회에 의해 영향받게 된 전환의 결과는 "~로서 보는 것"(seeing as)에 대한 생각을 소개하는 것이다. 그런데 "~로서 보는 것"은 이러한 협상에서 막힌 것을 깨버리고 둘의 구분을 훨씬 더 불분명하게 하려는 세 번째 용어와 같은 기능을 한다. "~로서 보는 것"은 이성의 진영에서 지지되는 "순수하게 보는 것"의 생각을 약화시키고 신앙의 진영에서 지지되는 "부분적으로 보는 것"의 생각을 강화시킨다.

"~로서 보는 것"은 지금까지 이성이라고 명명된 것 속에서 이성이 담당했던 더 큰 역할을 신앙에게 주고, 처음부터 다시 시작하도록 이러한 전통적 논쟁이 벌어지는 양 진영에 협력자를 보낸다. 그래서 이제 필자는 필자의 충성심을 변절해야만 한다는 것이 두렵다. 본서의 제목에 있는 작은 낱말, 곧 "그리고"에 핵심이 놓여 있다고 필자가 생각한 곳에서 이제는 월계관이 이러한 훨씬 더 작은 낱말 "~로서"로 이동해야 한다는 것을 보거나 믿어야 한다. "~로서"의 위상은 하이데거가 이 낱말을 "해석학적 ~로서(as)"라고 명명했을 때 그 중요성이 증대되었다.[4]

필자는 "그리고"에서 "~로서"의 이동을 다음의 두 가지 이유 때문이라고 말한다.

첫째, 아무리 우리가 결국 이성(그러므로 과학과 철학)을 기술하는 것으로 끝날지라도, 그 이성은 항상 아래를 보고 있지 않다는 것과 가정과 전제들의 앙상블에 대한 계속적인 신념(faith)과 신뢰를 포함한다는 사실을 인정해야만 할 것이다. 이런 가정과 전제들의 신념과 신뢰가 실험실이나 문서보관소, 시(poem)나 고대어(ancient languages), 경제적 시스템이나 외국문화로 나아갈 수 있도록 해주는 일련의 예측 가능한 선-구조들로 기능한다.

합리적이라는 것은 실험된 확고한 방식으로 사태를 기획

---

[4] 저자는 철학과 신학의 연결 고리 "그리고"를 이제 "~로서"(as)로 바꾸어 철학과 신학과의 관계를 언급하고 있다–역주.

하는 것이며 그 사태를 특정한 방식으로 기술하는 것이고 사태에 대해 "읽기"를 하는 것이다. 이성의 빛은 사태를 일정한 빛 안에서 기술하는 것과 이러저러한 것으"로서" 사태를 받아들이는 것을 의미한다.

즉, 탐구를 위해 일정한 공간을 이용가능하게 하는 것, 그 공간이 유용성을 상실하고 그것에 대한 신념이 흔들리자마자 회수하려고 한다는 것을 의미한다. 그래서 보는 것은 믿는 것과 같은 어떤 것을 보기 시작한다.

둘째, 마찬가지로 어떤 것에 대해 신념(faith)을 갖는다는 것은 암흑이 아니며 항상 아래를 보지 않는 것이다. 반대로 우리가 믿고 신뢰하는 시각, 관점, 어휘 "로서"를 받아들이지 않는다면 신념 없이 전혀 볼 수 없을 것이다. 믿는 것은 우리가 보고 이해하기 위해서 어떤 것을 "~로서" 받아들이는 것이며 우리의 관점에서 어떤 확신에 이르는 것이다. 그래서 '믿는 것'은 '보는 것'과 매우 비슷하게 보이기 시작한다.

이런 생각을 통해 우리는 신념 없이 보는 것이나 전제 없는 이해를 가질 수 있다는 것이 아니라 올바른 빛을 사물에 던지고 무엇이 진행되는 지를 우리가 볼 수 있도록 해주는 올바른 전제들, 올바른 가정들, 올바른 의견들, 올바른 어휘들을 찾는 것이다. 이러한 생각을 우리가 볼 수 있다면 무엇을 믿어야 할지를 분별할 수 있다는 것이다.

만일 그렇다면 그리고 필자의 말이 옳다면 이것이 필자의 세 번째 주제를 형식화할 수 있도록 해준다. 이 주제는 아마 모든 주제 중에서 가장 강력한 주제가 될 것이다. 우리는 철학과 신학의 구별이 계속 있었던 것이 아니라고 생각했다. 이러한 구별은 이성이 보고 신앙이 전혀 볼 수 없는 신앙과 이성 간의 구별로서 전통적으로 묘사되어왔던 것이 아니다. 오히려 철학과 신학의 구별은 두 종류의 신념(faith) 사이에서 이끌어 낼 수 있는데, 이러한 두 종류의 신념은 두 종류의 "~로서 보는 것"을 의미한다.

이러한 두 종류의 "~로서 보는 것"은 일반적 혹은 철학적 신념, 즉 모든 인간적인 일과 우리가 지식이라고 부르고 행동이라고 부르는 것에 알맞게 형성된 전제적인 구조들의 복잡한 망과 또 하나 혹은 두 번째 종류의 신념, 즉 더욱 특정하거나 결정적인 종류의 신념, 구체적으로 "종교적" 신앙(이 신앙으로 필자가 의미했던 바는 가톨릭을 프로테스탄트와 구별하는 일종의 "고백적" 신앙이다-역주) 사이에서의 구별에 기초한다.

철학과 신학의 구별은 두 종류의 해석학적 관점, 즉 각각이 작업할 때 일종의 신념에 의해서 내부적으로 구성된 두 종류의 해석이다. 이 때문에 신념은 놀이할 수 있는 더 강한 손을 소유하게 되는데, 이런 이유 때문에 필자는 전근대가 중요한 것을 발견할 가능성이 있다고 잠깐 말했던 것이다.
    왜냐하면 신념은 인간 삶의 근본적 요소, 즉 우리가 공기로 숨을 쉬는 것처럼 필연적으로 인간 삶의 기본적 형태이며 신학뿐만 아니라 철학에 절대 필수적 요소이기 때문에, 그 신념은 철학과 신학 안에 있고 그것들 각각에 있는 차이성에 때문에 서로 다르다는 것이 드러난다.

7장
아우구스티누스와 데리다

 필자는 의도적으로 무례하게 자크 데리다의 반유신론적 아우구스티누스주의라고 명명할 일종의 시험사례를 설명함으로써 포스트모더니티에서 좀 더 폭넓은 신앙의 범위에 관한 필자의 세 번째 주제를 설명하기 원한다. 필자가 토마스 아퀴나스가 아닌 아우구스티누스로 이러한 대담한 가설을 시험해보고 있다는 것에 주목하라.
 아우구스티누스는 포스트모던 신학을 위한 매우 흥미로운 가능성을 대표한다. 이에 대한 근거는 그가 신앙과 이성의 관계성에 대한 더욱 조화로운 생각을 가지고 있기 때문이라는 것이다. 아우구스티누스는 자신의 신앙이 삶 가운데서 무엇이 진행되고 있는지를 이해하게 해주는 유일한 방식이라고 확신했다.
 아퀴나스는 신앙과 이성이 손과 장갑처럼 서로 잘 맞지

만 여전히 손은 손이며 장갑은 장갑이고 전자는 후자가 아니라고 생각했다. 필자의 주제가 전근대는 포스트모던과 의사소통할 수 있다는 가설에 필자를 연관시키고 있다는 점을 역시 주목하라. 그리고 이러한 가설은 전근대와 포스트모던이 근대에 와서 매우 치명적으로 악화되고 무르익었던 일종의 신앙과 이성 간의 반목으로부터 자유롭다면 맞는 말이다.[1]

포스트모던적 전회를 수용한 모든 철학자들이 종교와의 이러한 대화에 관심을 가진 것은 아니기 때문에 신앙을 새롭게 바라보는 대표자로 자크 데리다를 선택하는 데 있어서 필자는 주의 깊게 선택했다는 것 (수업 시간에 필자가 효과 있는 예들을 고수하려고 했다는 것) 또한 주목하라. 그들 대다수는 종교가 중죄들(cardinal sins, 추기경[cardinal]의 죄!) 중 하나라고 생각하며 19세기 환원주의자[2]의 예기치 못한 충격적 발언으로 (conversation-stopping) 비판하는 것에 여전히 빠져있다.

항상 그렇듯이 우리는 과장하지 않도록 주의해야 한다.

---

1 정말 저자의 말대로 전근대처럼 포스트모던 시대에 철학과 신학, 신앙과 이성의 관계가 대립이나 반목의 관계에 있지 않다는 이유가 타당한 것인지 타당하지 않다면 왜 그런지를 고심해 보아야할 것이다-역주.
2 종교적 환원주의는 종교를 정신적 환상(프로이트)과 사람들에게 환상적 행복감을 제공하는 민중의 아편(마르크스)으로 간주하는 것처럼 어떤 비종교적 목적으로 종교를 설명하려는 시도를 말한다(Wikipedia 참조-역주).

후기 고대 교부(아우구스티누스-역주)가 20세기 "해체"의 아버지(자크 데리다-역주)와 동떨어져 있고 기독교의 성인(아우구스티누스-역주)이 센강 좌안 지역(Rive Gauche leftish)인 파리의 지적이고 자기 고백적인 무신론자(자크 데리다)와 동떨어져 있는 것처럼 자크 데리다는 문자적이고 비유적으로 성 아우구스티누스와 동떨어져 있는 사람이다.

그래서 우리는 이러한 비교를 모두 그대로 수용할 수 없을 뿐만 아니라 이 비교를 경솔하게 일축해 버릴 수도 없다. 고딕 성당의 선을 환기시키는 유리와 강철로 만들어진 빌딩과 같은 이상한 결합을 산출하는 것이 포스트모던의 징표라는 것을 기억하라.

필자가 제시한 아우구스티누스/데리다의 유비가 그렇다. 이러한 체계들(edifices)에서 중요한 것은 이 체계들이 성공적일 수 있는지, 자극(sparks)을 일으킬 수 있는지이다. 어떤 것도 체계들이 성공적일 것인지를 미리 보증할 수는 없다. 체계들의 성공은 어떻게 일이 잘 수행되는지에 달려 있다.

필자는 이런 비유가 완전히 개연성이 없는 것이 되기를 원하지 않으며 또한 필자 스스로가 사태들을 너무 쉽게 만들길 원하지도 않는다. 필자는 아우구스티누스와 데리다 사이의 긴장을 보존하기 원한다. 그리고 나서 그 에너지를 우리가 포스트모던의 신학의 궤도로 진입시키기 위해 사용할 것이다. 현재 일어나고 있는 신학과 철학 사이의 이러한 전통적 대화를 필자가 제안하는 곳이 포스트모던 신학이다.

자크 데리다는 1930년 알제리의 수도(Algiers) 근교에서 프랑스어를 말하는 유대인 중산층 가족에서 태어났다. 알제리는 지리학적으로 아우구스티누스가 태어나고 그가 북아프리카 교회에서 주교로 교회에서 봉사한 땅인 고대 누미디아(Numidia)에 해당된다. 고대 히포(Hippo)는 알제리 수도와 대략 160km 떨어져 있다. 데리다는 자신과 아우구스티누스는 "동포"라고 재담했었으며 그는 심지어 루 성(Rue St.) 아우구스티누스라고 불리는 거리에서 얼마 동안 살았던 적도 있었다.

전쟁 전에 알제리는 데리다가 "기독교 라틴계 프랑스어"라고 불렀던 문화와 언어가 지배했던 프랑스 식민지였다. 제2차 세계대전 동안 유대인 아이들은 비시(Vichy) 정부의 명령 하에 공립학교에서 추방되었을 때, 그 명령은 데리다가 학교에서 배웠던 동일한 라틴계에도 전달되었으며 거기에서 그는 아우구스티누스를 읽었다.

아우구스티누스처럼 데리다는 그 지역을 떠나 "대도시"(로마/파리)로 가는 것을 꿈꾸었다. 그곳으로 그 둘은 배로 여행했으며 멀미도 했고 자신들의 경력 초기에 "뉴욕 시"

(big apple)와 같은 큰 도시를 찾고 있었다.

아우구스티누스처럼 데리다는 자신의 어머니와 헤어져야만 했으며 어머니를 매우 사랑했다. 데리다는 아우구스티누스처럼 눈물의 사람, 즉 자신의 어머니 모니카의 눈물(*filius istarum lacrymarum*: 필리우스 이스타룸 라크리마룸)의 아들이었는데, 어머니는 자신의 눈물어린 아들에 대해 울며 걱정했다고 말했다.

자신의 어머니(Georgette, 조젯)가 프랑스 남쪽 해변가 니스(Nice)에 돌아가셔서 누워있었을 때 데리다는 아우구스티누스의 『고백록』(*Confessions*)과 일종의 포스트모던의 대응물인 『할례고백』(*Circumfession*)이라 명명한 책에, 전 세계를 돌아다니는 자신의 끊임없는 여행으로 인해 멀리 떨어져 임종을 지켜본 것에 대한 일기를 썼다. 아우구스티누스의 『고백록』이 이탈리아 지중해 해변, 로마 근교(outside), 고대 오스티아(Ostia)란 곳에서 모니카의 입장으로 아우구스티누스가 임종을 지켜본 이야기를 포함하고 있다는 것을 기억할 수 있다. 공교롭게도 데리다의 일기 중 하나는 산타 모니카(캘리포니아)에서 기록되었다.

데리다는 『고백록』의 장면을 재구성하기 위해서 자신과 아우구스티누스 간의 이러한 우연의 일치에 대한 놀이(아우구스티누스/자크, 모니카/조젯, 로마/파리, 오스티아/니스, 마지막으로 하나님/-?)를 한다. 『고백록』에서 아우구스티누스는 (우리에게 직접적으로 말하는 것이 아니라) 하나님에게 말하고 있지만 데리다가 누구에게 말하고 있는지는 모른다. 데리다는 단지 아우구스티누스가 "당신"이라고 말한 방식대로 "당신"이라고 말하며 여기에서 우리는 아우구스티누스가 하나님을 의미했다는 것을 알고 있다.

데리다 또한 하나님을 의미했는가?

데리다가 무신론자라면 아마도 그렇지 않을 것이지만 여러분은 데리다에게 주의를 기울여야 한다. 여러분은 그가 어떤 생각을 가지고 있는지 결코 알 수 없다.

데리다는 자신에게 말하고 있는가?

데리다가 글을 쓰고 있다면 그렇지 않다. 왜냐하면 (구조상) 사적인 글이 없기 때문이다.

자신의 어머니에게 말하고 있는가?

아마 그럴지도 모른다. 그러나 우리 모두가 그것을 읽고 있으며 그녀는 결코 그것을 읽지 못했다. 이것은 제프리 베닝톤[3](Geoffrey Bennington)에게 동일하게 해당되며 만일 주소가 없었다면 그 글은 그에게 공식적으로 보내진 것이다.

---

3   철학 교수이자 데리다, 리오타르의 전문가이며 데리다 책을 영어로 많이 번역한 사람이다-역주.

자기 자신에게 보냈을까?

다른 사람에게?

아마도 그럴 수도 있다.

그 자신과 독자들, 어머니와 하나님에게 보냈을까?

이것은 흥미로운 점이다. 물론 이런 우연의 일치에 대한 놀이, 즉 데리다와 아우구스티누스의 출생과 삶이 하나로 만나는 상황은 또한 매우 진지하며 종교인들은 이 같은 놀이를 경시하는 사람이 결코 아니어야 한다.

만일 우연의 일치에 대한 놀이가 데리다에게 매우 중요하다면 아우구스티누스(*tolle lege*, 톨레 레게, "집어서 읽어라")에게도 매우 중요한 것이었다. 여기 "집어서 읽어라"는 은혜로 해석된다. 은혜로서(as), 은사로서(as) 해석된다는 것을 명심하라. 데리다에게 (자신과 아우구스티누스와의-역주) 우연의 일치로서 받아들여진 것이 아우구스티누스에게는 은혜로서 수용되었다. 그래서 여러분은 이런 사소한 해석학적 "~로서"가 얼마나 중요한지, 이것이 얼마나 큰 변화를 이끌어낼지를 보게 된다.

포스트모던의 색다른 방식이며 전통적 경계를 무시하는 실험적 작품인 전위예술의 일부분으로서 수수께끼 같은 잡지나 일기에서 가장 흥미를 끄는 내용 가운데 하나에서 데리다는 "어느 누구도 아무 것도 이해할 수 없는 나의 종교"

에 대해 말한다. 이것은 이제까지 보수주의자들로부터 매우 세속적이라고 여겨진 철학자와 상대주의자(relativist) 심지어 허무주의자라고 비판을 받았던 사람들의 관심을 끄는 표현이다. 데리다의 어머니는 아들에게 모니카가 아우구스티누스에 대해 염려하는 것처럼 염려하며 어린아이로서 해야 할 것을 가르칠 때, 여전히 하나님을 믿고 있는지 그에게 솔직하게 물어보는 것을 두려워했다.

데리다는 다음과 같이 말한다.

> 나의 어머니는 그 이상으로 하셨지만, 그녀는 나의 인생에서 하나님에 대한 항상성(constancy)이 다른 이름으로 명명되었다는 것을 알았음에 틀림이 없었다.

하나님, 즉 하나님이라는 명칭은 데리다에게 사라지지 않았는데, 그는 심도 깊게 기술된 어휘이며 오래된 과거로 회귀시켜주는 한 낱말을 묵살할 능력(authority)이 없다. 그에게 하나님이란 명칭은 중요한 기능이며 인생에 "항상성"을 주는 역할을 한다. 우리는 하나님이란 명칭이 "정의"와 "은사"와 같은 명칭들, 즉 대체가능하고 "번역할 수 있는" 다른 명칭들이 있을지라도 인생의 항상성으로서(as) 말할 수 있다.

예컨대, 혹자가 "하나님은 사랑이시다"라고 말할 때 "하나님"이란 명칭은 우리가 사랑을 위해 가질 수 있는 최고의 명칭들 중에 하나라는 것을 의미하는가?[4]

아니면 또 다른 방식인가?(그리고 이것이 아우구스티누스의 물음이었을 것이다)

즉, "사랑"이라는 명칭은 우리가 하나님에게 가질 수 있는 최고의 명칭들 중에 하나인가?[5]

---

4 원문은 다음과 같다. "God" is one of the best names we have for love.
5 원문은 다음과 같다. Is "love" one of the best names we have for God? 데리다는 이 같은 내용을 아우구스티누스의 『고백록』에 나오는 "내가 당신을 사랑한다고 할 때 나는 무엇을 사랑하나이까?"(*Confessions*, X)라는 물음과 요일 4:16의 구절을 사용해서 말하고 있다. 저자는 "God is love"를 두 가지 의미로 해석한다. 첫째는 하나님이란 명칭은 우리가 평화나 정의와 같은 명칭들을 사랑하듯이 사랑할 수 있는 명칭 중 하나라는 것이며, 둘째는 사랑이란 명칭은 평화나 정의와 같은 명칭처럼 우리가 하나님을 말할 때 가질 수 있는 최고의 명칭들 중 하나라는 의미이다. 이것을 그는 『종교에 대하여』에서 동일하게 "하나님의 명칭은 우리가 정의를 말할 때의 방식인지" 아니면 "정의가 우리가 신에 대해 말할 때의 여러 명칭들 중에 하나인지"라고 묻는다. 그는 전자인지 후자인지 알지 못한다고 말하며 그에게 이 물음은 개방되어 있다. 여기에 누구나 소유할 수 있는 종교성의 가능성이 놓여 있다. 누구든지 어떤 대상을 사랑한다면 하나님이 속성이 사랑이기 때문에 그 사람은 신앙을 소유할 수 있으며, 다시 말하면 그 사람에게 종교의 뿌리 혹은 종교의 씨앗이 밀건될 수 있다는 것이다. 흥미 있는 주장이다. 그러나 사랑이란 덕목이 하나님에게 최고의 것이기 때문에 사랑의 징표가 종교의 징표가 될 수는 있어도 아우구스티누스가 고백하는 사랑을 최고의 덕목으로 간주하는 동일한 하나님을 신앙한다는 것은 다른 문제다. 우리가 무엇을 사랑하는가라는 아우구스티누스의 물음에 저자는 아우구스티누스가 사랑한 기독교적 신으로서의 대상처럼 규정된 신인 무엇에 관심이 없다. 어떻게 사랑하는가에 관심이 있다―역주.

데리다에게는 이러한 명칭들 사이에서 해결할 수 없이 여기저기로 미끄러질 수 있었고(그와 아우구스티누스와의 우연의 일치-역주) 놀이를 저지할 수단을 지지할 장소가 없다. "그래서 나는 매우 정당하게 무신론자로 통한다."

"나는 무신론자이다"라고 단순하게 말하는 것은 어떤가?

왜냐하면, "나는 무신론자이다"라는 말이(데리다와 아우구스티누스의 우연의 일치-역주) 놀이하는 것을 멈출 수 있기 때문일 것이다. 그가 무신론자라는 것은 자기-확신적 환원주의의 인상, 다시 말하면 그가 한 때 "무신론적 신학"이라고 명명했던 것을 나타내는 19세기 실증주의에 대한 노골적인 태도이다. 이러한 무신론적 신학은 독단적(dogmatic) 무신론을 의미했다(그는 "신학"을 나쁜 낱말로, 독단주의에 대한 명칭으로 사용하고 있다).

이와 반대로, 데리다는 우리가 "나"라고 명명하는 것은 일종의 갈등과 서로를 지치게 만드는 경쟁의 목소리에 연루되어 있어, 마치 나의 불신앙고백에 대항하는 내 안에 신자가 항상 있는 것처럼 나의 신앙고백에 대항하는 무신론자가 항상 내 안에 있다고 생각한다. 이것이 그가 하나님이란 명칭이 자신에게서 억눌려 있는 비밀스런 명칭이라고 말하는 이유이다.

여전히 데리다는 지역 교회 목사나 랍비의 기준으로 보

앉을 때 "정당하게" 무신론자로 "통한다." 그가 무신론자로 통한다는 것은 다른 사람들이 그에 대해 말하는 바이며 그것은 매우 옳은 말이다.

그러나 도그마로 고정시키는 언급을 해서는 안 된다(우리의 신앙과 관습을 순수하게 있는 것[pure presence]으로 확고하게 고정시키지 않는 것이 "해체"가 의미하는 바이다). 여기에서 데리다가 말하고 있는 내용에 소크라테스적인 인상을 준다는 것과 결코 기독교인인 체하지 않지만 기껏해야 기독교인이 되려고 노력한다고 고백하는 키에르케고어도 소크라테스적인 인상을 준다는 사실, 그리고 서로의 유사성에 주목하라.

우리 안에서 일어나는 복잡하고 다중적 힘들에 민감한 신자들이 활용할 수 있는 최고의 형식(formula)은 우리가 그랬던 것처럼 기껏해야 그들이 "정당하게" 신자로 "통한다"라고 주장하는 것인가?

이것이 우리가 무엇을 믿든 혹은 무엇을 믿지 않든 최고의 형식이 아닌가?

똑같은 놀랄만한 형식으로 데리다는 "내가 기도한다고 그들에게 말해야만 하는지"를 궁금해 하며 다음과 같이 덧붙인다.

> 왜냐하면 만일 당신이…기도하는 나의 경험을 안다

> 면, 당신은 모든 것을 안 것이며, 당신은 누구한테 그
> 것들을 말하고 있는지를 나에게 말하고 있기 때문
> 이다.

데리다는 또한 다음과 같이 말한다.

> 거기에서 나를 읽고 있는 모든 독자들이 오늘 나의
> 눈물을 보고 있는지, 나의 삶이 오랜 기도의 내력
> (history)이었다는 것을 생각하고 있는지를 궁금해 하
> 는데, 왜냐하면 이러한 독자들은 내가 기도와 눈물
> 로 살아왔다는 것 말고도 모든 것을 이해해왔기 때문
> 이다.

아우구스티누스처럼 데리다는 기도와 눈물의 사람이다. 그러나 데리다는 누구에게 기도하고 있는가?
그리고 무엇 때문에 슬퍼하는가?
데리다가 그것을 알았고 혹자가 그에게 그 모든 것을 말해 줄 수 있었다면 그는 기도할 필요가 없었을 것이다. 그는 누구에게 기도하는지를 알지 못했기 때문에 혹은 정말 그의 기도를 받아줄 혹자가 거기 있기 때문에 기도한다. 그의 기도의 결핍은 기도의 끝을 가져오는 것이 아니라 그의 기

도에 활력을 주는 것이다.

신학자들은 때때로 알려지지 않는 하나님에게 기도하는 것이 가능한지를 물어 본다. 그런 문제에 대해 논평하는 어떤 신학자는 이 같은 행위는 가상적인 하나님에게 드리는 현실적인 기도, 곧 보이지 않고 잠재적인 하나님을 향한 현실적이고 실제적인 기도일 수 있다고 말한다.[6]

데리다 기도의 빈곤에 관해 심오하고 풍성한 어떤 것은 없는 것인가?

기도를 위한 기도로 모든 기도를 시작하지 않는가?

우리가 기도하기 전에 우리는 "주님, 우리의 기도를 들어주소서"라고 맨 먼저 말하지 않는가?

그런 다음 계속 기도하지 않는가?

기도할 때 기도는 이미 기도이기 때문에 기도에 어떤 자

---

6 Jean-Luis Chretien, "The Wounded Word: The Phenomenology of Prayer," trans. Jeffrey Kosky in *Phenomenology and the "Theological Turn": The French Debate* (New York: Fordham University Press, 2001). 위에서 이미 말하고 있지만 데리다는 어머니가 믿고 있는 기독교 하나님의 존재를 부정하지 않으면서 나른 내상에게 하나님의 존재와 동일한 지위를 부여하며 그 존재를 인정한다고 말하고 있다. 그의 종교관에서는 얼마든지 허용될 수 있는 말이지만 "그 기도의 대상이 기독교의 하나님인가?"는 다른 문제이다. 왜냐하면 그가 아래에서 밝히고 있듯이 그에게 쉴 수 없는 쉼 없는 마음을 하나님이란 명칭에 고정시키어 쉼을 얻는 것이 아니기 때문이다. 역자가 보기에게 이런 의미가 바로 포스트모던 시대의 신학이며 신앙일 것이다. 저자인 카푸토 교수도 이런 식의 신앙을 선언하는 사람 중에 한 사람이다-역주.

동 효력이 있지 않은가?

> 주님, 우리는 당신에게 기도합니다. 우리가 기도할 수 있도록 가르쳐 주소서. 주님, 내가 진정으로 믿습니다. 제발 저의 불신을 도우소서.

우리는 기도할 수 없는 무능력 때문에 기도한다. 우리는 불신의 배경에서 믿는다. 때때로 십자가의 성 요한이 "영혼의 어두운 밤"이라고 불렀던 것에서 우리는 더 이상 하나님 믿을 수조차도 없다는 것을 분명하게 확신할지라도 계속 기도한다. 그러면 기도하는 것이 불가능한 그 순간에 기도는 열정적으로 일어난다.

『고백록』을 인용하면서 데리다는 다음을 덧붙인다.

> 내가 나의 하나님을 사랑할 때 무엇을 내가 사랑하는지를 아우구스티누스에게 물어보며, 일생동안 자신에게 그런 물음 외에는 다른 어떤 것도 하지 못했다.

아우구스티누스는 하나님에게 "내가 당신을 사랑할 때 내가 사랑하는 것은 무엇인가?"라고 묻는다.
내 주변의 세상에 있는 아름다운 것들인가?

하늘에 있는 별들인가?

아우구스티누스는 그것들을 대신해서 아니, 아니라고 대답한다. 왜냐하면 그것들 모두는 하나님이 우리를 만들었다고 반응하기 때문이다. 데리다는 "우리의 마음은 당신 안에서 쉴 때까지 쉴 수 없다"(inquietum est cor nostrum: 인쿠이에툼 에스트 코르 노스트룸)고 말했던 아우구스티누스의 쉼 없는 마음을 공유한다.

그러나 데리다는 자신의 쉼 없는 마음을 아우구스티누스가 말하는 하나님처럼 사랑하는 단일한 대상에 고정된 방식 안에서 쉬게 할 수 없었다. 데리다에게 하나님의 명칭에 대한 기능은 쉼의 평화를 초래하는 것이 아니라 여전히 더욱 쉼 없는 탐구를 환기시키는 것이다. 왜냐하면 그에게 하나님의 항상성은 하나의 고정되고 규정된 명칭을 가지고 있지 않기 때문이다.

다른 곳에서 데리다는 자신이 순수 "메시아적인 것"이라고 부르는 것과 구체적인 "메시아주의"(messianism)의 구별한다. 그는 구체적인 메시아주의로 먼지 역시적 "책의 종교," 즉 기독교와 유대교 그리고 이슬람교를 의미했다. 기독교와 유대교 그리고 이슬람교는 역사적인 혈과 육인 메시아의 오심에 대한 메시아적 신앙과 도래하는 메시아 시대를 가지고 있다.

그러나 또한 이런 동일한 메시아 신앙(faith)은 엄격한 철학적 종말론과 철학적 신념(faith), 그리고 세속적 혹은 순수한 역사적 꿈에 대한 희망과 심지어 우리가 언급할 것이지만 계급 없는 사회, 우리 모두가 자유롭게 되는 시대 등을 위한 철학자의 기도로 조직된 철학적 메시아주의, 곧 헤겔과 마르크스와 하이데거의 철학적 메시아주의를 의미한다.

데리다는 이런 역사적으로 구체적인 메시아주의로부터 순수 메시아적인 것을 구분하며, 순수 메시아적인 것을 통해 그는 희망과 기대에 대한 순수 형태, 즉 미래(l'avenir)에 대한 바로 핵심적 생각으로 향하는 바로 "도래"(à venir)의 구조를 의미했다. 여기에서 미래는 무제한성과 예견할 수 없음을 나타낸다.

물론 상대적으로 예견할 수 있는 미래, 즉 데리다가 "미래의 현재성"(future present)이라 부른 것이 있는데, 이러한 미래는 우리가 계획하고 현 사태의 과정이 성과가 있기를 상당히 기대할 수 있는 미래이다.

그러나 이러한 미래는 내가 무엇인지 완전하게 알지 못하는 것의 도래 속에서, 즉 우리가 현재 가지고 있는 최고가 아닌 최선의 명칭들이 "정의"나 "은사"와 같은 명칭들이라는 것의 도래 속에서, 바울이 묘사한 바처럼 도저히 바랄 수 없는 중에 바라는 바람으로 철저하게 예견할 수 없는 미래인 "절대적 미래"가 아니다.

이러한 순수 메시아적인 것은 바로 우리의 성격의 정곡을 찌른다. 왜냐하면 우리의 삶이 기도와 눈물로 이루어져 있고 "내가 당신을 사랑한다고 할 때 나는 무엇을 사랑합니까?"라고 항상 물으면서, 우리는 항상 내가 무엇인지 알지 못하는 정의와 은사, 하나님 그리고 어떤 것의 도래를 위해 기도하고 있기 때문이다.

그러면 어떻게 우리는 이러한 전통 신학자인 위대한 교부 아우구스티누스와 당연히 무신론자로 통하는 현대철학자 데리다 간의 차이점을 묘사할 수 있는가?

아우구스티누스는 진정한 신앙을 가지고 있었고 데리다는 절망 속에 있다고 말할 것인가?

아우구스티누스는 기도했지만 데리다는 기도하지 않았는가?

그렇지 않다. 왜냐하면 데리다 역시 시들지 않은 신앙을 가진 기도와 눈물의 사람이기 때문이다. 아니, 드러나는 실제적 차이섬은 아우구스티누스가 "당신"(*tu, te*: 투, 테)이라고 말할 때 자신의 선조들의 하나님, 아브라함으로부터 사도들에 이르기까지 그리고 그 사도들로부터 그에게 이르기까지 오랜 세월 동한 전해 내려온 신앙의 하나님과 역사적으로 동일한 하나님을 의미했다는 것이며 그는 이 텍스트를 기록함으로써 우리에게 전수하고 있다는 것이다.

뿐만 아니라 아우구스티누스는 기도할 때 신앙의 공동체, 즉 하나님의 백성들과 함께 기도하며 그는 이러한 백성들이 구성한 낱말들과 기도 그리고 이야기를 활용한다.

다시 말하면, 아우구스티누스가 기도하는 "당신"은 고유하고 규정된 명칭을 가지고 있으며 다른 모든 명칭보다 뛰어난 명칭을 가지며 그 명칭이 들려질 때 모든 사람들은 무릎이 꿇는다. 그러므로 아우구스티누스의 믿음, 소망, 사랑은 규정된 특정한 목적지(이것은 그 무한성을 양보하지 않는다)를 가지고 있다.

그러나 데리다의 믿음과 사랑은 비록 실제적이고 확고할지라도 결코 그런 종류의 규정성과 언표가능성(nameability)으로 고정될 수 없다. 믿음과 사랑은 일종의 끝없는 번역가능성(translatability)에 영원히 계속 관련되어 있다. 왜냐하면 그는 결코 그 비밀(일종의 끝없는 번역가능성-역주)을 알지 못하기 때문이다. 그 비밀은 다름 아닌 비밀이 없고, 그 비밀에 기밀한(privileged) 접근도 없으며, (데리다와 아우구스티누스의 우연의 일치-역주)놀이를 정지할 수 있는 KO편치도 없다는 것이다.

데리다의 관점에서 아우구스티누스가 다루는 규정된 명칭은 그 비밀을 사용하는 매우 다양한 방식이며 무규정된 것을 규정하고 언표불가능한 것을 언표하고 그러한 놀이를 멈출 수 있는 매우 다양한 방식들이다.

그래서 데리다에게도 최소한의 종교적인 것, 기도하는 것, 신앙적인 것, 소망하는 것이 있으며 아우구스티누스에게 있는 것처럼 똑같이 있다. 실제로 필자가 철학과 신학의 또 다른 영역 다툼의 시작에 대해 걱정하지 않는다면, 필자는 비록 지나치게 경솔한 것이 될 수 있을지는 몰라도 진정한 기도가 일종의 "상처 입은 낱말"이라고 한다면 데리다의 『할례고백』이 아우구스티누스의 『고백록』보다 더욱 많은 기도를 열심히 드리고 있다는 것을 제시하고 하고 싶다.

왜냐하면 그 낱말들이 더욱 상처 입고 주위를 잘라내는 것(circumcisional, 할례)이고 할례고백적(circumfessional)이어서 더욱 상처 난 언어이며, 결국 훨씬 더 고백적이고 더욱 할례고백적이기 때문이다. 그 이유는 데리다가 공동체와 아우구스티누스의 확신이 결여되어 있기 때문이다. 아우구스티누스의 『고백록』은 또한 필자가 특정한 신앙 혹은 규정된 신앙을 고백하고 공언한다라는 "고백적 기도"(confiteor)의 의미에서 "고백"이라는 것을 기억하라.

반면에 데리다의 신앙은 어떤 점에서 더욱 순수하게 고백적이며 그에게서 억눌려진 것에 대한 신앙을 고백한다는 점이다. 그래서 데리다가 "무신론자"이고 "신학자"가 아닐지라도 그가 다른 곳에서 "종교 없는 종교"라고 부른다는 점에서 그에게는 "종교적인" 어떤 것이 있다.[7]

그렇다면 아우구스티누스와 데리다 간의 차이점, 다시 말하면 수세기 동안 전근대에 존재했던 신학자와 포스트모던의 유형에 속한 철학자 간의 차이점은 신앙과 무신앙 간의 차이점이나 소망과 절망 혹은 절대주의와 상대주의 간의 차이점이 아니다.

그것은 두 신앙들 간의 차이점, 즉 다른 두 종류의 신앙인데, 구체적인 신앙 공동체에서 나타나는 규정된 한 종류의 신앙과 조금은 길을 잃고 헤매며 깊게 자리잡지 못하고

---

[7] 데리다뿐 아니라 모든 사람은 종교적이며 종교성을 가지고 태어난다. 기독교의 관점에서는 종교의 씨앗이나 신의식이 인간의 고유성이다. 그래서 인간이 이 세계에 있는 한 인간은 종교적이다. 인간이 종교적이라는 것은 사회 인류학적 관점에서도 틀린 말이 아니다. 이런 사실은 한 여름에 바람이 불면 우리가 시원하게 느끼듯이 자연스럽다. 하지만 자연 바람인가, 선풍기 바람인가, 에어컨 바람인가에 따라 같은 바람이지만 다른 바람일 수 있듯이 개인의 종교성은 사회마다 개인마다 다르게 나타날 수 있다. 이런 점에서 데리다가 무신론자이지만 종교적인 사람이 될 수 있다. 하이데거처럼 무신론자(atheist)가 아니라 비신론자(a-theist)이다. 카푸토는 종교가 인간의 고유한 구성요소라고 본다. 카푸토는 종교적 감각을 지닌다는 것이 인간 삶의 기본구조라고 간주하며 예술적 감각이나 정치적 감각을 지니는 것처럼 매우 기본적 것들이라고 주장한다. 그래서 종교를 신앙고백적이거나 종파적으로 제한하지 않는다. 교회에서 예배하는 자나 집에서 「썬데이 타임즈」를 읽는 모두가 종교적이라고 말할 수 있다고 본다(OR, 8-9). 그러나 기독교적인 것이 종교적일 수는 있어도 그 역이 성립할 수는 없다-역주.

확고하지 못할지라도 그 방식에서 더욱 순수해 보이는 신앙과 신앙인으로 규정되는 또 다른 한 종류의 신앙이다.

우리가 아우구스티누스와 데리다에게서 확실히 볼 수 있는 것은 신앙과 불신앙 혹은 소망과 절망의 단순한 반대가 아니다. 오히려 그것은 히브리서의 저자가 소망하는 일들에 대한 확언(hypostasis, 물질 또는 실체)과 우리가 찾을 것 같은 좋은 신앙의 특성, 즉 "보이지 않는 것들에 대한 확신"(히 11:1)이라고 부르는 두 가지 다른 전개이다.

우리를 이끌어 주는 것은 우리가 보는 것이 아니라 우리가 보지 못하는 것이다. 동시에 우리의 소망을 일깨우는 것은 우리의 주변에 있는 것의 실재성(substantiality)이 아니라 거의 유령처럼 우리가 소망하는 것에 대한 비실재성이다. 필자는 이러한 보지 못하는 것이나 비실재성을 우리 삶의 원리 그리고 포스트모던 신앙의 원리, 철학적 신학의 원리, 신학적 철학의 원리로 (어느 견해가 여러분을 덜 불편하게 하든지 간에) 받아들이며, 그것은 성경만큼이나 오래되었다.

8장
철학과 신학과의 관계: 인생의 열정

필자는 모든 시간을 바로 이러한 점을 얻기 위해 노력해 왔다. 우리가 이러한 점을 포스트모던적 관점으로 부르지만 이 낱말은 필자에게 결국 그리 중요하지 않다. 중요한 것은 필자가 진술해온 것이 옳다면 근대가 이성과 과학 그리고 철학을 중심으로 만들려고 노력했던 옛 경계들과 높은 벽들이 무너져 내렸다는 것이다.

만일 그렇다면 신앙의 언어는 존중 가능성을 다시 획득한 것이며 신앙이 미덕들 가운데서 그것의 올바른 위치로 회복되어 왔다면 신앙에 의존하는 신학에게 새로운 지평을 줄 것이다. 그러나 필자는 신앙을 이성과 반대되는 것으로 의미하지 않는다.

필자가 옳다면 신앙이 이성과 대립된다는 점은 매우 단순한 대립이기 때문에 그러한 대립을 완전히 불신하지 않고서 필자는 그 대립을 약화시키고 곤란하게 하려고 해왔다. 그러한 구분을 없애는 것을 통해 우리가 얻을 것은 없다. 신앙으로 필자는 냉소주의나 냉소적 불신앙과 반대되는 신앙을 의미한다.

다시 말하면, 거기에서 우리의 존경을 받는 어떤 것이 있다는 것, 장엄함과 미(beauty) 앞에서 우리가 멈춰 섰던 어떤 것이 있다는 것, 우리에게 눈을 크게 뜨고 호흡을 멈추도록 하는 것 안에 뛰어난 속성이 있다는 것을 믿는 것에 대한 냉소적 거절과는 반대되는 신앙을 의미한다.

필자에게 신앙은 파도치는 것 이외에도 파도 건너편 60여 km 떨어진 공간에서 바로 우리의 발밑까지 이어져 있는 길을 보름달이 비추는 것을 바라보며, 밤중에 대양의 끝에 서 있을 때 우리 안에서 꿈틀 거리는 느낌처럼 어떤 헤아릴 수 없는 광대함을 측정해 볼 때, 우리 안에서 솟아오르는 느낌을 의미한다.

철학과 신학을 그런 대양에서의 동료 항해사와 벤처사업가(ventures), 7만 길(fathoms) 이상의 물 깊이에서의 모험가들, 우리가 호기심의 눈초리를 가진 아이들처럼 모든 말을 받아들이면서, 남아 있는 우리에게 이야기를 들려주는 노련한 뱃사람으로 간주해보라.

어떤 이론적 구별이나 심지어 철학과 신학 사이에 어

떤 반대가 있을지라도 그 둘이 적대자가 아니라 삶의 수수께끼를 통해 자신들의 길을 만들려고 노력하면서 위험한 바다에서 친구가 되기 위한 길동무라고 간주해보라.

철학과 신학을 공통의 열정 속에서의 다른 계기들, 우리가 노래하는 공통의 노래 속에서의 다른 목소리들, 우리 모두가 공통의 어둠에 둘러싸여 있지만 그것에 반응하는 다른 방식들, 그리고 우리 모두가 따라가야 할 도상에서의 동료 순례자들로 간주해 보라. 이곳에서 우리 모두(철학자와 신학자, 과학자와 시인)는 거의 길을 잃었다고 인정해야만 하며, 이것이 길을 찾는 유일한 방식이라는 뜻이다.

철학과 신학을 행성들이 신비한 중심 둘레에서 동심원을 그리며, 가운데서 자리 잡고 있는 절대 비밀의 중력으로 유지되는 공통의 중심 궤도를 돌고 있는 동료 행성으로 간주해 보라.

요약하자면, 필자는 이제 (필자가 약속한) 마지막 주제에 이르렀다. 다시 말하면, 필자의 전제는 철학과 신학이 다르지만 필자가 인생의 열정이라고 부르는 것을 만드는 데는 동일한 방식이라는 점이다.

필자의 주된 관심, 즉 필자를 사로잡는 열정은 인생에게 열정을 불어 넣는 것과 무관심이나 평범함의 일상적인 흐름을 뛰어 넘어 우리를 고양시키는 것에 있다. 또한 필자의 주된 관심은 우리 자신을 초월해 사랑할 수 있는 어떤 것과 더 많은 소유를 위해 끝없이 쇼핑몰을 배회하는 공허한 소비중심주의를 넘어서는 어떤 것을 우리에게 주는 것이다.

포스트모던의 이상한 커플, 즉 아우구스티누스/데리다의 연구에서 나올 수 있는 중요한 것들 중 한 가지는 "내가 당신을 사랑한다고 할 때 나는 무엇을 사랑하나이까?"라는 물음의 중심적 역할(centrality)이다.

그러한 물음에 대해 내가 사랑하는 것은 하나님을 사랑하는 것이 전부라고 추정한다는 점이며 그런 다음 그러한 사랑이 구성하고 있는 것을 적절하게 알기를 원한다는 점이다. 이것이 철저히 신학적 맥락 속에서 그 물음이 아우구스티누스에 의해서 형식화될 수 있었던 이유이며 그런 다음 대략 16세기의 세월이 흐른 후에 데리다 자신의 매우 비전통적인 철학적 방식 속에서 반복되고 재문맥화될 수 있었던 이유이기도 하다.

이렇게 될 수 있는 것은 이러한 물음이 우리의 마음을 찌르고 또한 그것이 지속되기 때문이다. 이 물음은 중요한 점에서 그 물음, 즉 우리가 제기해야만 하는 하나의 소중한 물음이며 우리가 사랑하는 것과 (어떤 것이 줄 수 있다면) 삶에게 열정을 주는 것에 대한 물음이다. 하나님을 사랑한다는 것의 반대는 냉소주의, 즉 어떤 것도 사랑하지 않는 것인데,

이것은 편견을 가진(unenlightened) 방식 속에서 우리 자신을 사랑하는 것으로 바뀔 수 있다.

필자는 우리 자신을 사랑하는 것에 대해 반대하지 않는다. 여러분이 여러분 자신을 사랑하지 않는다면 여러분은 여러분 자신을 사랑할 만한 가치가 없다고 생각하기 때문에 어떤 것도 여러분에게 중요하지 않을 것이다. 필자는 타자를 사랑하는 것과 하나님을 사랑하는 것을 희생시키면서 이기적이고 자기욕구적인 방식으로 여러분 자신을 사랑하는 것에 반대한다.

데리다와 아우구스티누스가 필자에게 흥미를 준 것 이상으로 필자에게 흥미를 주는 것은 어떻게 데리다와 아우구스티누스가 심연(abyss)을 넘어 서로 의사소통할 수 있고 아우구스티누스의 『고백록』과 데리다의 『할례고백』을 분리하는 틈을 넘어 이러한 신학자와 이러한 철학자 사이에 어떤 유사한 것이 진행될 수 있는가이다.

유사점은 무엇인가?

그것은 기도이다. 우리가 다양한 신앙들에 해당하는 다양한 견해들을 가졌을지라도 각자에게 하나의 기도는 어느 곳인지 알지 못하는 운명지워진 어둠으로 보내진다. 그리고 눈물이다. 각자는 눈물을 통해 우리가 무엇인지 알지 못하는 다가오는 어떤 것, 즉 우리를 변화시키는 어떤 것에 매혹되며 그것에 대해 우리는 그 이름을 알지 못하며 그것에 대해 현재의 모든 이름으로는 부족하다. 각자는 어떤 파악하기 힘들고 알려지지 않은 메시아적 시대에 대해 기도하며 눈물 흘리고 있다.

필자가 취했던 견해에 근거하여 우리 모두는 우리의 실존에 대해 그리고 우리의 삶에 강렬함, 긴급성, 깊이, 고난을 주는 것에 대해 기도하며 눈물 흘리고 있으며, 이런 것들의 결핍이 피상적 삶을 일으킨다.

필자가 이런 말을 할 때 분명히 데리다와 아우구스티누스를 염두에 두고 있지만 또한 신학자 틸리히(Paul Tillich)를 활용하고 있는 중이다. 그에게 바로 하나님의 의미는 우리의 존재에 대한 깊이와 신비가 된다. 필자가 철학과 신학에 의존하는 이유 혹은 오히려 철학과 신학이 필자를 압도하고 전복시키는 이유는 인생의 열정에 대한 이러한 문제 때문이다.

필자는 철학과 신학 사이에서 일종의 왕복 운행편으로 달리고 있는, 즉 다른 두 도시에서 두 개의 다른 직장을 유지하려고 사람처럼 이쪽에서 저쪽으로 뛰어다니고 있는 필자 자신을 발견한다. 필자는 이러한 문제를 선택하지 않는다. 왜냐하면 필자는 신학과 철학에 의해서 매혹되고 설득되고, 유혹되고, 멀리에서 오고, 필자의 일상 삶에서 벗어나게 되고 필자가 스스로 답할 수 있는 방으로 이끌려왔기 때문이다.

필자는 혹자가 큐피트 화살에 의해서 상처 받았다고 말하는 방식처럼, 철학과 신학의 낱말들에 의해서 상처 받았다. 아마 이것이 모든 모습들 중에 가장 좋은 모습일 것이다. 철학과 신학은 상처 받은 영혼을 위한 것이다.

실제로 인문학과 언어, 그리고 문학, 역사와 예술, 철학과 신학 혹은 자연과학을 공부하는 사람들은 우리를 동요시키는 값지고 아름답고 깊고 수수께끼 같은 것에 의해서 깊은 상처를 받았다. 우리는 의사들이 우리에게 모든 것을 말하고 있지 않다는 것을 알고 있으며 상처가 치료되지 않을 것이라는 것도 알고 있으며 우리가 회복되지 않을 것이라는 것을 알고 있다.

우리는 우리의 평정 상태를 파괴하는 충격으로 고통을 당한다. 우리는 자극, 즉 우리를 숨 막히게 하는 것에 의해 흔들리며 잠잠해질 수 없는 물음들이 우리를 뒤쫓는다.

우리는 전율(tremors)을 일으키는 고뇌를 당할 뿐만 아니라(의학서에 쓰여 있는 것처럼 이것이 전율이 "스스로 나타나는" 방식이다) 전율에 대한 다음과 같은 다른 이상한 증상을 가진다. 이러한 혼란(disorder)이 고뇌에 대한 애정을 유도하여 환자들은 상처를 감싸고 이러한 전율을 막기 위해 치료받기를 원하지 않는다.

왜냐하면 우리의 인생이 사물에 대한 의심에 노출되고 사랑의 상처에 아파하게 되고 밤에 엄청난 힘에 대한 물음에 초대받고 고요하지 않을 소리들에 의해 철저하게 동요되는 전율 속에 살면서 호흡하기 때문이다.

우리는 우리 앞에 펼쳐진 깊이들(depths)에 의해서 성장하며 이러한 깊이가 (신화 속에 존재하는 아름다운 목소리를 가진-역주) 사이렌(sirens)처럼 우리를 유혹한다. 우리는 인생을 밤에 더욱 밝게 어둠을 비추는 별과 같다고 여긴다. 사물들에게 별들의 깊이를 주는 것은 다름 아닌 암흑이며 암흑에게 마땅히 주어야할 것을 주려고 준비한다. 왜냐하면 우리가 애매한 것을 추구하는 자(obscurantists)가 아니라 별들과 같은 밝음을 좋아하기 때문이다.

인생의 주변에 있는 모호성(ambiguity)에 대한 어둠의 고리는 그 인생의 풍성함 속에서 중요한 요소이다. 이런 모호성에 대한 어둠의 고리는 우리가 모호하지 않은 인생으로 이끌도록 흩어져 없어지는 것이 아니다.

이와는 반대로 그 모호성은 수세기 동안 주석을 요청한 고전 텍스트처럼 해석을 유발하며 파악하려 해도 파악할 수 없고 우리의 파악에 굴복하지 않는 깊이로 파악하도록 강요한다. 이런 자극에 반응하여 개연성 있게 보이는 해석을 제공하면서 우리는 어떤 자기-이해에 도달한다.

비록 이러한 자기-이해가 우리 자신이 누구인지 결코 이해할 수 없는 이해이며 하나의 최종적 해석은 없을지라도 말이다. 이 모든 것과 반대되는, 즉 우리 인생의 수수께끼에서 등을 돌리고 확고하고 모호하지 않는 명료성을 붙잡는 결과는 피상적 인생, 다시 말하면 용이한 대답과 매우 쉬운 습득에 의해서 인위적으로 편안한(easy) 인생이 된다는 점이다.

이것이 필자가 반복해서 아우구스티누스의 『고백록』, 즉 문학과 철학 그리고 신학의 역사에 나타난 그러한 위대한 기록(모든 근대주의적 노동분업이 깜짝 놀랄 정도로 『고백록』에는 문학과 철학 그리고 신학 모두가 있다!)으로 향하는 이유이다. 아우구스티누스는 이런 전율을 그의 책 바로 첫 장에서 다음과 같이 묘사한다. "우리의 마음은 쉴 수 없다"(*inquietum est cor nostrum*: 인쿠이에툼 에스트 코르 노스트룸).

우리 모두는 선척적인 마음의 상태, 즉 쉴 수 없는 마음의 "불안함"(dis-ease)[1]에서 고통을 당하고 있으며 마음은

---

1 질병이란 영어 낱말이 "dis-ease"이다. 그래서 저자는 어원학적으로 dis(않는)-쉬운(ease)의 복합어가 오늘날 disease의 영어식 낱말로 여긴다. 그래서 본문에서 인생이란 고전 텍스트가 해석되고 또 해석되지만 하나의 해석에 고정된 최종적 해석은 없으며 쉽고(easy) 용이하고 평탄한 인생에 비해 우리가 받

무엇인지 알지 못하는 어떤 것을 찾는 것에 의해서 쉴 수 없다. 왜냐하면 그 어떤 것의 명칭은 모든 다른 명칭 위에 있거나 원칙적으로 숨겨져 있기 때문이다. 어떤 방식이든지 계속 진행할 수 있는 유일한 방식은 어떤 신앙(신념-역주)을 가지는 것이다. 왜냐하면 이러한 신앙(신념)은 인생 그 자체에 대한 신앙(신념)이기 때문이다.

결국, 여러 가지 신앙(신념)들은 실존 그 자체에 대한 각각의 신앙(신념)이며 인생 그 자체의 본질과 우리의 인생을 통해 파동치고 매일 그 인생의 활력과 기쁨을 주는 힘에 대한 신앙(신념)이다. 이것이 또한 인생이 어려움에 처했을 때 우리가 매우 치명적으로 고통당하는 이유이기도 하다.

우리의 비참함은 탁월한 어떤 것의 부패이기 때문에 더욱 비참한 것이다. 우리의 비참함은 탁월한 어떤 것의 부패이기 때문에 모든 종교의 거룩한 경전들이 우리에게 하나님 자녀들의 가장 궁핍하고 가장 무력함을 고양시키도록 명하는 이유이다.

"좋고, 좋고, 좋고, 좋고, 좋고, 매우 좋다"라고 하나님(엘로힘)이 말씀하셨다. "그렇다(yes), 그렇다, 계속해서 나는 그

은 상처와 아픔을 통해 우리의 인생이 더 풍성해지고 끝없는 탐구가 있다고 주장하는 것이다-역주.

렇다"고 불룸(Molly Bloom)은 말하였다.[2]

우리는 인생의 고뇌와 괴로움을 맛보았지만 여전히 "괜찮습니다"(yes)라고 말한다. "오십시오, 주님, 그렇습니다, 그렇습니다, 오세요"(Viens, oui, oui)라고 데리다는 말한다.

여러분이 『고백록』을 읽을 때 마치 여러분의 기도 가운데 우연히 한 사람을 만났던 것처럼 그 책에 다가가야 하는데, 왜냐하면 이것은 방금 일어난 일이기 때문이다. 아우구스티누스의 등은 우리 쪽으로 향해져 있고 그는 하나님, 즉 "당신"(*tu*, 투)에게 향해져 있지만 우리는 그 장면에서 불청객과 같다.

아우구스티누스 자신이 "하나님 앞에서"(*coram deo*: 코람 데오) 고백했을 때 그는 또한 자신이 얼굴을 맞대며 고백하고 있다는 것을 발견했다. 하나님을 통해 우리가 의미하고자 하는 것 중에 하나는 힘이나 원리나 사람이 "자아"의 비밀스럽고 사적인 방을 연다는 것이다.

아우구스티누스가 『고백록』을 쓰도록 인도 받을 수 있었던 것, 즉 "내가 나 자신에게 질문했다"(*quaestio mihi factus sum*: 퀘스띠오 미히 팍투스 숨)는 것은 다름 아닌 명료한 것/애

---

2 James Joyce, 『율리시스』(*Ulysses*), ed. Hans Walter Gambler (New York: Vintage Books, 1986), 643–44.

매한 것의 순간 속에서 그리고 하나님에 대한 명상과 하나님 앞에서의 명상이 동시에 있었던 자기-명상의 가장 심오한 순간 속에서이다.

아우구스티누스가 피상적인 인생을 살았을 때 그가 무엇을 원했고 누구였는지를 정확히 알았거나 그가 야심에 찬 변론가, 로마의 공적 삶의 세계에서 뜨는 별, 사랑의 쾌락에 대한 애호가라고 생각했다. 하지만 자신이 하나님 앞에 섰을 때 그 세계 속에서 자신의 인생은 끝없는 의문의 심연 속으로 빠져들었다.

무한한 능력이며 존재의 심오함이신 분 앞에서 내가 부름을 받았던 이러한 하나님은 누구이며 어떤 분이시며 그분 앞에 서 있는 나는 누구인가?

아우구스티누스는 내가 이러한 "하나님을 사랑한다고 할 때 나는 무엇을 사랑하나이까?"라고 묻는다. 아우구스티누스는 이 모든 것을 자신의 "고백록"이라고 불렀으며 데리다는 자신의 상처를 의미하는 "할례고백"이라고 덧붙였다.

그러나 이러한 것들은 가장 이상스러운 종류의 상처들이며 우리를 무의미한 인생의 덧없는 것에서 나올 수 있도록 상처를 주고 우리를 복잡하고 혼란한 인생과 인생의 가장 어두운 한 복판에 직면하도록 데려다 주는 상처로 이루어져 있다. 이 혼란스러움은 우리에게서 모든 것을 통제하는 분별력을 빼앗아 가면서 심지어 혼란스러움이 우리를 분산시키고 우리에게서 분주한 일상생활을 잘 이길 수 있도록 해주는 안락함을 강탈해 가지만 인생에 미와 깊이와 열정과 힘을 준다.

여러분이 오랫동안 충분히 살펴본다면 철학과 신학을 나누는 논쟁을 넘어, 그것들이 서로를 막기 위해서 세웠던 벽을 넘어, 그리고 하나를 다른 하나에 종속시키려는 전쟁을 넘어 저녁 하늘을 가로질러 끝없이 펼쳐진 별들과 또는 자정에 바다의 파도를 바라보는 것처럼 일반적인 경외감과 놀람이나 경악을 느끼게 된다.

"우리가 이런 곳에 있다고 누가 아는가?"라고 니체는 물었으며 그는 이 물음을 우리 모두에게 요구했다. 이 모든 것에는 열정이 놓여 있다.

역자 후기 및 해제

김완종 박사

연세대학교 외래 교수

본서는 역자가 철학적 신학이라는 과목으로 총신대학교 평생교육원에서 신학생들에게 부분적으로 교재로 사용했던 책이다. 그 당시에 역자는 존 카푸토(Jon D. Caputo)의 『M. 하이데거와 T. 아퀴나스』(시간과공간사, 1993)만 읽고 알고 있었기 때문에 그의 사상을 구체적으로 잘 알지 못하였다. 그러나 박사 논문을 쓰면서 그의 철학 서적과 종교 혹은 철학적 신학과 관련한 책을 접하게 되면서 좀 더 많은 그의 현 시대에 대한 통찰력과 철학과 종교에 대한 그의 견해를 익히게 되었다.

카푸토 교수가 쓴 책 중에 우리말로 나온 서적은 『M. 하이데거와 T. 아퀴나스』 책 이외에도 『종교에 대하여』(동문서, 2003), 『How to Read 사르트르』(웅진지식하우스, 2008), 『How to Read 키에르케고어』(웅진지식하우스, 2008)가 있다.

저자는 대륙 철학자로서 본서를 읽으면 느끼겠지만 포스트 모더니즘과 종교에 대한 탁월한 식견을 가지고 있으며 데리다와 하이데거 등을 포함하여 『How to Read 키에르케고어』를 읽어 보면 알겠지만 걸출한 철학자들을 두루 섭렵하며 여러 철학자들의 사상과 깊은 사유를 펼쳐나가는 지금은 은퇴하여 명예 교수로서 여기저기 돌아다니며 강연과 강의를 하고 있는 노장 철학자이다.

카푸토의 철학이 포스트모더니즘이나 해체철학으로 평가되고 있기 때문에 본서에서의 그의 생각을 고심해 보기 전에 먼저 포스트모니즘의 특징이 무엇인지 카훈(Lawrence Cahoone)이 편집한 『모더니즘에서 포스트모더니즘: 선집』 (*From Modernism to Postmodernism: An Anthology*)으로 요약해 보자.

근대(modern), 근대성(modernity), 근대주의(modernism)는 무엇을 의미하는가?

근대 시기는 초기 근대와 후기 근대로 나누어진다. 나라와 학문 영역별로 논쟁의 여지가 있지만 초기는 대략 중세 후기 이후인 1500년(16세기 초기)에서 1800년까지[1]이며 프랑스혁명(1789)이전까지로 생각하면 통상 우리가 말하는 중

---

1 대략 주요 사건과 사상을 예로 들면 종교개혁, 르네상스, 회의주의의 부활, 인문주의, 과학혁명(케플러, 갈릴레이, 뉴턴), 계몽주의, 경험론(홉스, 로크, 버클리), 합리론(데카르트, 스피노자, 라이프니츠) 등이 있다.

세와 근대 사이를 지칭하는 근세기간이다. 후기는 18세기 중반에서 20세기 초기(대략 1920-30년대)까지[2]이며 근세 다음의 근대 시기이다.

모던(modern)이라는 말은 현대를 전통적인 방식과 구별하기 위해서 다양한 시기와 장소에서 사용되어 왔다. 마치 현대 영어(modern English)를 고대 영어, 중세 영어와 구별하고 20세기 춤의 스타일을 발레와 구별하기 위해 모던(modern)을 사용했던 것처럼 말이다.[3]

모더니티(modernity)는 지난 몇 세기 동안 유럽과 북미에서 발전된 새 문명을 언급하는 말이며 20세기 초기에 더욱 분명해진다. 모더니티는 이런 문명이 인간의 역사에서 유일하다는 의미에서 모던이다. 근대 서양 문명은 자본주의, 세속문화, 자유민주주의, 개인주의, 합리주의, 인본주의의 특징(이것들이 유일한 특징인지는 논쟁거리이다)을 지닌다. 모더니티가 16세기에서 19세기 중 어느 세기에 시작되었는지는

---

[2] 대략 주요 사상을 예로 들면 산업혁명, 신고전주의(18세기 말에서 시작), 낭만주의(18세기 말에서 시작), 프랑스혁명, 독일 관념론(칸트, 헤겔, 쇼펜하우어), 공리주의, 실증주의, 마르크스주의, 실존주의[키에르케고어], 허무주의[니체]), 실용주의 등이 있다.

[3] Lawrence Cahoone ed., *From Modernism to Postmodernism: An Anthology* (Cambridge, MA: Blackwell Publishers, 1996), 11.

논쟁의 여지가 있다.[4] 카훈은 언제 모더니티가 시작되었는지보다는 모더니티의 성질과 운명 이러한 새로운 삶의 방식의 타당성이 무엇인지가 더 중요하다고 보고 있다.[5]

모더니즘(modernism)이란 용어는 양의적(ambiguous) 방식으로 사용된다. 이 용어는 모든 모던 시대의 철학 혹은 문화와 1850년에서 1950년까지 역사적으로 국한된 예술의 움직임을 가리킨다.[6] 모던(modern), 모더니티(modernity), 모더니즘(modernism)이란 용어의 관계를 이해하는 한 가지 방식은 미학적 모더니즘이 고도화된 혹은 실현된 후기(late)모더니즘의 예술적 특징의 한 형태라는 것이다. 다시 말하면, 사회적, 경제적, 문화적 삶이 가장 광의적 의미에서 모더니티에 의해 대변혁이 일으켜진 그 기간의 예술적 특징의 한 형식이라는 것이다.[7]

역자가 보기에 모더니즘의 특성을 문화와 사회 속에서 드러낸 현상이 모더니티이며 모더니즘은 철학, 문학, 경제, 예술 등 학문 전반에서 공유하는 사상이다. 아마 포스

4　Ibid.

5　Ibid., 13.

6　Ibid.

7　Ibid. 그렇다고 모더니스트 예술이 근대화를 찬성한다는 것이 아니라 모더니티의 목적들을 단지 표현한다는 것을 의미한다.

트모더니티와 포스트모더니즘도 이와 마찬가지일 것이다. 포스트모더니티를 구체화하는 철학적 상황을 언급하는 것이 포스트모더니즘이다.[8]

이런 점에서 포스트모더니티는 포스트모더니즘의 문화적, 사회적 현상이며 포스트모더니즘은 위에서 카훈이 말하고 있는 포스트모더니티의 특징을 공유하는 철학적, 문학적, 예술적, 신학적 사상이나 기획이다.

카훈은 포스트모니티를 포스트모더니즘과 구분하지 않고 포스트모더니즘이 문화적 현상이라고 말하고 있지만 역자는 포스트모더니즘의 문화적 현상이나 특성이 포스트모더니티이며 철학적, 문학적, 예술적 사조나 "주의"(ism)가 포스트모더니즘이라고 간주할 것이다.

현대(contemporary)와 근대(modern)를 구별하는 포스트모던(postmodern)이라는 용어는 처음에 독일 철학자 판비츠(Rudolf Pannwits)가 20세기 서양 문화의 허무주의(그가 니체에게서 가져온 주제)를 묘사하기 위해 1917년에 사용한 것처럼 보인다.[9] 이것은 또 다시 스페인의 문학비평가 오니스(Federico de Onis)의 작품에서 문학 모더니즘(literary

---

8 *Christianity and the Postmodern Turn: Six Views*, ed. Myron B. Penner (Grand Rapids: BrazosPress, 2006), 16.
9 Ibid., 3. 신승환 지음, 『포스트모더니즘에 대한 성찰』(서울: 살림, 2003).

modernism)에 대한 반동을 언급하기 위해 나타났으며 포스트모던은 1939년에 신학자 벨(Bernard Iddings Bell)이 세속 모더니즘의 실패에 대한 인식과 종교의 회복을 의미하기 위해 그리고 역사학자 토인비가 제1차 세계대전 이후 대중 사회의 발흥을 의미하기 위해 사용되었으며, 1950년대와 1960년대에 가장 두드러지게 문학비평에서 유미적(aesthetic) 모더니즘에 대한 반동을 언급하기 위해 나타났으며 1970년대에는 건축학에서도 사용되었다.[10]

철학에서는 포스트모던은 1980년대에 일차적으로 프랑스 후기구조주의철학을 가리키며 두 번째로 근대 합리주의, 유토피아주의, 17세기 데카르트 이후 철학의 선취가 되어왔던 지식과 판단의 토대들을 확립하는 시도, 즉 토대주의(foundationalism)에 대한 일반적 반동을 언급하기 위해 등장하였으며 사회과학과 자연과학에 새로운 방법론적 접근으로 적용되었다. 또한 진보된 산업 사회들이 후기(post), 곧 제2차 세계대전 기간에 그들의 초기 산업 성격을 변화시킨 개념인 후기산업주의 개념과 연관된다.[11]

1960년대에 프랑스 철학은 주요한 변화를 겪는다. 프랑

---

10 Lawrence Cahoone (ed), *From Modernism to Postmodernism: An Anthology*, 3.
11 Ibid.

스 학계와 정계를 비판할 뿐만 아니라 급진적 형태의 철학 즉 마르크스주의, 실존주의, 현상학과 정신분석을 비판하는 새로운 젊은 지성인 그룹이 등장한다.[12] 이러한 마르크스주의, 실존주의, 현상학은 이 세기 중반의 철학자들, (프로이트[1856-1939]의 정신분석과 함께) 특히 사르트르, 퐁티(Maurice Merleau-Ponty[1908-1961])와 결합되었다.[13]

이러한 지성적 운동들은 사회와 자신에서의 소원(疏遠)의 근원이 자본주의이든지, 근대 서양 문화에 퍼져 있는 과학적 자연주의이든지, 과도한 억압된 사회적 관습이든지, 관료적으로 조직된 사회적 삶과 대중문화 혹은 종교이든지, 자신의 경험과 존재의 본래적 양태에서 소원한 현대 사회에서 소외된 개별적 인간 주체 혹은 의식을 그렸다.[14]

이들은 인간성 연구가 자연과학에 바탕이 되고 환원될 수 있다는 믿음을 거부하며 그 결과 행동주의나 자연주의를 피한다. 자연과학과는 다르게 인간학은 이 연구 대상인 먼저 인간의 관점과 경험을 이해해야 한다. 다시 말하면, 사실들에만이 아니라 인간 주체에 대한 사실들의 의미와 관

12　Ibid., 4.
13　Ibid.
14　Ibid., 4.

계한다. 현대적 소외를 진단하기 위해, 이들은 어떻게, 왜 근대 문명이 잘못되었는지를 보기 위해 어떻게 인간 사회와 인간의 자아가 오랜 시간 동안 발전되어 왔는지에 대한 역사적 분석을 한다. 요구되는 것은 체험된 경험의 중심인 참되고 본래적이고 자유로운 통합된 인간 자아로 회복하는 것이다.[15]

이것은 근대 산업, 기술, 세속화의 단념을 의미하는 것이 아니라 (마르크스를 대신한) 사회와 (프로이트를 대신한) 도덕적 문화를 재구성하고 (현상학과 실존주의를 대신한) 우리 자신의 본래적 경험으로의 개방을 재구성하는 것을 의미하다. 마르크스주의, 실존주의, 현상학, 정신분석은 이제 프랑스 사회 혹은 다른 곳에서 학문적 위치를 차지할 수 없었다. 젊은 지성인들은 제2차 세계대전 이후에 주요한 지적인 유럽의 하부문화를 구성했으며 점차적으로 미국 사상에도 영향을 주었다.[16]

1960년대의 새로운 프랑스 철학자들, 즉 가장 영향력 있는 들뢰즈(Gilles Deleuze, 1925-1995), 데리다, 푸코(Michel Foucault, 1926-1984), 리오타르는 또한 정치계와 학문계와 맞

---

15 Ibid.
16 Ibid., 4-5.

서길 원했다.[17] 그러나 그들의 접근은 사르트르와 퐁티의 접근과는 다르다. 그들은 다른 이론적 운동, 즉 언어학자 소쉬르(Ferdinand de Saussure, 1857-1913)가 초기에 발전시켰고 인류학자 레비스트라우스(Calude Levi-Strauss, 1908-2009)가 전쟁 후에 옹호했던 구조주의(structuralism)에 의해서 교육받았다.

구조주의는 마르크스주의, 실존주의, 현상학, 정신분석의 특징이었던 자아에 중점을 두는 것과 그것의 역사적 발전을 거절하였다.[18] 그 대신에 인류학, 언어학, 철학처럼 사회학과 인간학은 언어의 초-개별적(super-individual) 구조와 전례(ritual)와 개별자를 현재의 그 사람으로 만들어주는 사회적 관계(kinship)에 중점을 두는 것이 필요했다.

구조주의는 인문학 연구자에게 자연과학으로의 환원을 피하는 방식을 제공하지만 현상학, 실존주의, 정신분석의 명확한 주관적 방향과는 다르게 객관적이고 과학적 방법들을 보유하고 있다. 동시에 구조주의는 또한 어떤 것도 본래적이지 않으며 문화를 판단할 수 있는 인간 자아의 토대적이고 원초적인 본성이 없다는 것을 함의힌다.[19]

---

17 Ibid., 5.
18 Ibid.
19 Ibid.

1960년대의 철학자들은 이러한 인간 자아관에 대한 구조주의의 거부를 수용했다. 그들은 인간의 현상에 대한 구조적-문화적 분석을 인문학들에 적용시켰는데, 이러한 인문학들이 인간의 문화적 구성들이다. 이들이 후기구조주의자들(poststructualists)이라고 명명된다.[20]

후기구조주의자들은 진리에 대한 합리적 탐구의 종말, 통일된 자아의 환상적 본질, 명확하고 일의적 의미의 불가능성, 서양 문명의 위법성, 모든 근대 제도들의 억압성을 알렸다. 1960년대와 1970년대에 이들의 비평은 정치적 의미의 색깔을 띠었는데, 주로 서양의 제국주의와 인종차별주의, 남성의 힘에 대한 페미니스트의 비판과 관련한다. 현상학, 실존주의, 마르크스주의, 정신분석의 영향이 비교적 덜 있었던 영미철학에도 관련된 변화의 물결이 일어나고 있었다.[21]

영국의 관념론(브래들리[F.H Bradley])과 경험론(밀[John Sturat Mill])뿐만 아니라 미국의 실용주의 철학적 전통(제임스[William James], 듀이[John Dewey] 등)을 무시했던 실증주의(Positivism)라고 불리는 논리경험주의(Logical empiricism)는 인

---

20   Ibid.
21   Ibid., 6.

간적 지식의 조직화가 감각소여(sense data)의 과학적 설명과 연관된 근대적 논리의 확실성에 토대를 둘 때 가능하다고 믿었다.[22] 철학은 전통적으로 완전하게 명확하고 논리적인 "이상적 언어"를 사용하지 못하는 것에 의해 기만당해 왔는데, 논리학의 새로운 발전이 이러한 이상적 언어를 가능케 하였다.

이러한 발전은 프레게의 『개념기호법』(*Begriffsschrift*, 1989)과 러셀과 화이트헤드가 『수학의 원리』(*Principia Mathematica*)에서 수학을 논리에 환원시키려는 시도에 뿌리를 두고 있으며 비트겐슈타인은 『논리-철학논고』(*Logico-Philosophicus*, 1921)에서 명확하게 언급될 수 있는 모든 것을 넌센스와 구별함으로써 전통철학을 비판했다.[23]

이제 철학은 프레게(Gottlob Frege, 1848-1925)의 수리논리학이나 수학을 논리에 환원시킨 러셀(Bertrand Russell, 1872-1970)과 화이트헤드로 인해 철학이 명확하고 논리적인 언어로 가능케 되었으며 비트겐슈타인에 의해 명확하게 언급될 수 있는 말을 사용하지 않는 전통철학은 혹평을 받았다. 철학의 임무는 형이상학적 사색과 윤리적 주장을 없애는 것

---

22 Ibid.
23 Ibid.

이며 언어적 실수들에 대한 주의 깊은 분석을 통해 전통철학의 물음들을 일축해버린다.

과학의 논리적 분석 방법을 철학에 적용시킨 실증주의는 실재의 궁극적 본성과 하나님의 존재, 존재의 의미에 대한 철학적 탐구의 모든 가능성을 공격한 20세기 전반의 다양한 철학적 운동 중 하나이다.[24]

이후의 언어, 논리, 과학 철학자들은 실증주의적 묘사에 대한 적절성에 회의를 품는다. 이상적인 철학언어에 대한 가장 큰 희망들이 이루어질 수 없다는 것을 만들면서, 산수를 포함할 정도로 충분히 복잡한 완벽하고 일관된 논리가 괴델(Kurt Gödel, 1906-1978)에 의해 불가능하다는 것이 제시되었다.[25] 분석적, 논리적 진술과 종합적, 경험적 진술들 간의 구별, 관찰가능한 감각소여에 대한 진술들과 이러한 소여들에 대한 이론적 설명 간의 구별은 점점 더 허점투성이었다.

다시 말하면, 우리가 이해한 것을 말하기 위해 아직 검증되지 않은 이론적 언어를 이미 사용하지 않고서 이해하는 것을 말할 수 있는 방식은 없는 것으로 보였다. 그러나 엄

---

24 Ibid.

25 Ibid.

격한 의미에서 검증은 불가능하다는 것을 의미하는데, 왜냐하면 사실(감각 경험)에 대한 진술은 검증할 이론적 관점을 전제해야 하기 때문이다.[26]

『철학적 탐구』(*Philosophical Investigations*, 1953)에 나타난 비트겐슈타인의 후기철학은 지식의 토대를 발견하려는 모든 시도가 사변적 형이상학의 시도만큼 무의미하다고 제안한다. 대부분의 영미철학자들은 프랑스 후기구조주의자에게 친근감을 결코 느끼지 않지만 1960년대에 근대철학의 표준적 목적들과 합리적 탐구에 대한 궁극적 희망에 대해 동일하게 의심하게 되었다. 이러한 경향은 토대들에 의지하지 않고 철학적 목적들을 추구할 수 있는 폭넓은 시도(무토대주의[nonfoundationalism])를 초래했다.[27]

철학에만 변화가 있었던 것은 아니다. 20세기 전반에 철학 밖에서도 새로운 경향들이었지만 여전히 근대적 경향들을 띠고 아방가르드와 같은 형태가 예술, 문학, 음악뿐만 아니라 건축에서 나타나기 시작하였고, 1960년대에 새로운 세대의 작가, 화가, 건축가는 근대주의에 대항하기 시작했다.[28]

---

26 Ibid., 7.
27 Ibid.
28 Ibid., 8.

문학에서의 근대주의 종말은 일찍이 1950년대에 인식되었다. 문학적 아이러니와 캠프(camp)가 소외된 영혼과 실재의 본질을 추구하는 근대의 진지성 이상으로 당시의 정서를 포착하는 것으로 여겨졌으며 아방가르드의 생각과 가장 진지하고 진실한 문화적 활동인 예술에 대한 생각이 점차 포기되었다. 높은 것과 낮은 것, 좋은 예술과 상업 예술, 진리를 추구하는 근대 아방가르드와 피상적이고 쾌락적 시장 사이의 대담한 구별이 팝 문화(예를 들어, 워홀[Andy Warhol])의 반영웅적 지배 속에서 포기 되었으며[29] 대중문화를 통해 정치와 문화 간의 영역이 붕괴된다.[30]

제2차 세계대전 이후 그런 사회는 유럽 식민주의 마지막 흔적들의 종말, 매스컴과 진보된 산업 국가들의 미디어 문화 발달, 많은 비서양세계의 급격한 현대화와 국제적 홍보, 원격통신, 대륙 간 탄도 미사일에 의한 세계의 위축이라는 급진적 변화를 겪었다.[31] 이것은 새로운 후기산업사회로의 이행의 암시였다. 1968년 이후의 10년 혹은 그 이상 동안 프랑스 외부에서의 후기구조주의 영향력은 유럽철학에 이

---

29 Ibid.
30 Ibid.
31 Ibid.

미 전념했던 비교문학부와 철학 진영에 국한되었다.[32]

포스트모던이라는 말은 점차적으로 1970년대에 널리 퍼진 용어가 되었다. 포스트모더니즘의 가장 잘 알려진 연설가 중 한 사람인 하산(Ihab Hassan, 1925-2015)은 문학, 철학, 사회적 경향을 1971년 포스트모던이라는 용어로 연결시켰다. 문화적 현상으로서 포스트모더니즘은 1976년 벨(Daniel Bell)에 의해서 공격을 받는다.[33]

1970년 후기에 세 권의 책, 젠크(Jenck)의 『포스트모던 건축 언어』(*The language of Post-Modern Architecture*, 1977), 리오타르의 『포스트모던의 조건』(*La Condition postmoderne: rapport sur le savoir*, 1979. 영어번역, *The Postmodern Condition: A Report on Knowledge*, 1984), 로티의 『철학과 자연의 거울』(*Philosophy and the Mirror of Nature*, 1979)이 포스트모더니즘을 하나의 운동으로 활기를 띠게 했다.[34]

로티의 책은 포스트모더니즘 자체를 논의하지 않지만 후기 하이데거의 유럽철학과 후기 비트겐슈타인의 분석철학의 발전이 일종의 실용주의적 반토대주의에 집중한다는 것

---

32   Ibid., 9.
33   Ibid.
34   Ibid.

을 논의한다. 로티는 비록 실용적 옷을 걸치고 있지만 미국의 대표적인 포스트모더니즘 사상가이다. 1980년대에 포스트모더니즘이 대부분의 미국철학자와 건축과 문학비평가들에게 의미를 부여해준 것은 다름 아닌 부분적으로 로티의 영향을 통해서이다.[35]

물론 포스트모더니즘이 1960년대 이후로 현 상황에 반동하는 철학적 "주의"(ism)만을 말하는 것이 아니다. 서양 사회 전반에서 더욱 중요한 것은 근대 사회와 문화의 문제에 대응하기 위해 초기 전통적인 문화 형태로의 부분적 복귀나 재통합으로 이전의 상태로 회귀하고자 하는 욕구였으며 이러한 포스트모던이즘은 도덕 개혁 요구, 공동체와 종교로의 복귀에 대한 요청으로 1980년대의 정치적 보수주의에서 나타났으며 극단적 형태로는 (가장 잘 알려진 이슬람과 기독교의) 종교적 근본주의(fundamentalism)에서 나타났다.[36]

정치이론에서 공동체주의(communitarianism)와 다른 형태의 신자유주의(neo-liberalism)는 근대 사회구조를 약화시키는 진보적 개인주의(liberal individualism)를 비난했지만 동시에 다른 지성인들은 근대 합리주의적 유산과 진보적 개인

---

35 Ibid.
36 Ibid., 10.

주의를 재해석하는 것을 통해 이것을 옹호하고자 하였다.[37]

포스트모더니즘의 발전의 또 다른 요소는 초기 1970년 이후로 마르크스주의의 쇠퇴이다. 1960년대의 새로운 좌파와 새로운 프랑스 철학자 일부는 프로이트, 소쉬르를 통해 자신들의 마르크스주의를 재해석했으며 이미 마르크스-레닌 정통을 버리기 시작했다. 서방 유럽과 북미 교수집단은 마르크스주의와 사회주의에 동정적이지 않았다. 이것은 1980년대에 많은 서양 사회들이 우파로의 대중적 전향을 한 것과 일치한다.[38]

많은 비종교적 지식인들에게 유토피아적 사회주의적 미래에 대한 소망은 신의 죽음 이후 삶에 필요한 의의를 주지 못했다. 이러한 소망 상실은 종교의 상실이 이미 전통 사회를 덮친 것처럼 이러한 그룹에 상당이 많은 부분을 공격했다. 다시 말하면, 역사적 목적이나 목표가 상실되어 또 다시 세계는 중심이 없으며 무의미한 것으로 여겨졌다. 그래서 카훈은 포스트모더니즘을 마르크스주의 의붓자식이라고 보고 있다.[39]

---

[37] Ibid.
[38] Ibid.
[39] Ibid.

포스트모더니즘은 중요한 원리들, 방법들 혹은 근대 서양 문화의 특징적 생각들을 시대에 뒤지고 정당하지 않은 것으로 간주한다. 이런 점에서 포스트모더니즘은 계몽주의 비판에 대한 가장 최신의 물결, 즉 18세기로 그 유산을 소급해가는 근대 사회의 특징인 문화적 원리들의 비판이며 그 시대 이후로 계속 진행되어 왔던 비판이다.[40]

대부분의 철학자들이 포스트모더니즘을 사용할 때 1960년대 프랑스에서 발전된 한 운동을 언급하는데, 더 정확하게는 차후에 관련한 발전과 더불어 후기구조주의를 말한다.[41]

철학자들은 이러한 운동이 실제 세계에 대한 객관적 지식의 가능성, 세계와 텍스트에 대한 일의적(단일한 혹은 일차적) 의미, 인간 자아의 통일성 등을 부정하며 합리적 탐구와 정치적 행위, 문자적 의미와 은유적 의미, 과학과 예술 간의 타당한 구별, 심지어 진리 그 자체의 가능성을 부정한다고 생각한다.[42]

철학자들은 포스트모더니즘이 근대 서양 문명의 대부분

---

40 Ibid., 2.
41 Ibid.
42 Ibid.

의 근본적인 지적 핵심들을 거부하는 것으로 간주한다. 이들은 이러한 거절을 다문화주의와 페미니즘 같은 정치적 운동과 연관시킨다. 그러나 포스모더니즘, 다문화주의, 페미니즘이 겹쳐질 수 있지만 서로 다른 지적 운동들이다.[43]

지금까지 역자는 포스트모더니즘의 역사를 살펴보았다. 포스트모더니즘은 우리가 이미 보아온 것처럼 학문적, 예술적, 정치적인 다양한 영역과 연결되어 있기 때문에 모든 분야의 포스트모더니즘 현상을 단일한 의미로 규정한다는 것은 무리이다. 이는 포스트모던이라 꼬리표가 붙은 저자들 사이에서 많은 포스트모더니즘이 무엇을 의미하는지에 대한 상당한 불일치가 있을 뿐만 아니라 몇몇 포스트모더니스트들은 어떤 이론들이나 학설의 소유를 부정하기 때문이다.[44]

그러나 분명한 것은 예술이나 문학이나 철학이나 정치 영역에서의 포스트모더니즘 현상은 공유된 현상과 생각들이 있다는 점이다. 카훈은 다음과 같이 지적한다.

본질적 공통성을 발견하는 것보다 오히려 더욱 중요

---

[43] Ibid.
[44] Ibid., 14.

> 한 점은 탐구할 가치가 있는 중요한 새로운 발전들이 있다는 점과 이러한 발전에 포스트모던이라는 꼬리표가 붙여졌다는 것과 포스트모더니스트라고 꼬리표가 붙은 사람들이 기록한 심도 있는 물음을 제기하는 매우 중요한 작품들이 있다는 점이다.[45]

이제 일반적으로 포스트모더니즘이 공유하고 있는 생각들을 또 다시 카훈이 지적한 내용에 근거해서 정리해 보자.

첫째, 현전(presence 혹은 presentation)과는 반대되는 재현(representation)이라는 특징이 있다. 현전은 즉각적인 경험의 성격이며 그 경험에 의해서 즉각적으로 현전하는 대상을 언급한다.[46] 경험에 직접적이고 즉각적으로 주어지는 것은 전통적으로 재현과 대조되며, 즉 언어적 기호와 개념 영역과 구성, 인간 발명의 산물과 대조된다. 이러한 이유로 무엇이든지 인간적 요소에 의해서 매개된다.[47]

예를 들어, 지각이나 감각이나 감각소여는 사유 혹은 언에 의해서 수정되고 재현되고 대체되는 심적 내용들보다

---

45 Ibid., 1.
46 Ibid., 14.
47 Ibid.

더욱 신뢰할 만하며 확실한 실재에 대한 즉각적 전달자로 간주된다.[48]

포스트모더니즘은 이러한 구분에 물음을 던지며 때론 거절한다. 그래서 기호, 언어, 해석, 불일치 등과 무관한 어떤 것이 "즉각적으로 현전한다"는 것을 부정한다. 현전의 부정은 포스트모더니스트에게 사물에 대한 논의를 위해 사물을 재현으로 분석하도록 해준다.[49]

카훈은 이것에 대한 예를 IQ테스트 사용으로 들고 있다. 지역 학교에서 IQ테스트를 사용해야 되는지에 대한 논쟁에서 포스트모더니스트는 지성(intelligence)이라는 용어가 어떻게 그 테스트의 지지자들에 의해서 사용되어 왔는지에 대한 오랜 분석을 통해 우리에게 현전하는 것은 지성이란 용어의 대상 혹은 지시체(referent)가 아니라 그 대상의 재현과 실제로 쟁점이 되는 그 대상의 정치적 사용의 역사라고 주장한다.[50]

현전에 대한 비판은 일반적으로 "텍스트 밖에서는 아무것도 없다"라는 말로 표현된다. 이것은 진짜 세계가 없다는

---

48 Ibid.
49 현전의 부정과 관련하여 데리다는 『그라마톨로지에 대하여』에서 현전보다는 차이를 강조한다.
50 Ibid.

말이 아니라 우리가 텍스트와 재현과 매개를 통해 실제 지시체와 단지 조우할 뿐이라는 것이다.[51]

어떤 점에서 현전은 재현을 전제한다. 따라서 데리다는 문자적으로 지각과 같은 것이 있다는, 즉 즉각적이고 투명한 소여에 대한 수용이 있다는 것을 부정한다.[52]

둘째, 기원(origin)과 반대되는 현상이 있다. 기원을 탐구하는 것은 현상의 배후 혹은 그것을 넘어 그 현상의 궁극적 토대를 보려는 시도이다. 자아에 대한 현대철학(예를 들면, 실존주의, 정신분석, 현상학, 심지어 마르크스주의)에게 자아의 기원을 발견하려는 시도는 본래성으로 가는 길이다.

포스트모더니즘은 엄격한 의미에서 이 같은 가능성을 부정한다. 포스트모더니즘은 기원, 근원 혹은 현상 배후의 더 깊은 실재의 회복과 재포착과 재현의 가능성을 부정한다. 어떤 점에서 포스트모더니즘은 엄격하게 분석하는 것을 회피하는 것이 아니라 사물의 표면과 현상에 의해 더 깊고 더 토대적인 것의 준거점을 요구하지 않음으로써 의도적으로 피상적일 수 있다.[53]

---

51 Ibid.
52 Ibid.
53 Ibid., 14-5.

"심오성에서 벗어나" 있는 고대 그리스인들이 피상적이라는 니체의 주장은 포스트모던의 슬로건일 것이다. 모든 저자가 죽은 저자라는 말은 기원을 부정하는 한 예인데, 왜냐하면 이 말은 어떤 텍스트의 의미는 저자의 의도들과의 준거점을 통해 "권위적으로" 드러나게 될 수 있다는 것을 부정하기 때문이다.[54] 저자의 의도들은 텍스트의 이해와 무관하며 텍스트의 기원도 아니며 다른 요소들에 비해 특권을 가지고 있지 않다.[55]

셋째, 단일성(unity)이나 전체를 구성하는 존재나 개념을 복수(plural)로 간주하려고 한다.[56] 이것은 어느 정도 구조주의를 반영한 것인데, 이 구조주의는 문화적 요소들, 곧 낱말, 의미, 경험, 인간 자아, 사회들이 다른 요소들과의 관계에 의해서 구성된 것으로 이해했다.[57]

이 같은 관계는 불가피하게 복수적이며 문제의 개별성 또한 복수적이다. 모든 것은 다른 것들과의 관계로 구성되며 어떤 것도 단순하고 즉각적이고 전체적으로 현존하지 않

---

54 Ibid., 15.
55 Ibid.
56 Ibid.
57 Ibid.

으며 어떤 것에 대한 분석도 완성되고 최종적인 것이 없다.[58]

예를 들어, 텍스트는 무기한적인 많은 방식으로 독해될 수 있으며 그 방법 중 어떤 것도 완전하거나 참된 의미를 제공하지 않는다. 인간 자아는 위계적으로 구성되고 견고한 자제심 있는 단순한 단일성이 아니라 힘 혹은 요소들의 다수성이다. 나는 하나의 자아(a self)라기보다는 자아들(selves)을 가지고 있다고 말하는 것이 더 맞다고 본다.[59]

넷째, 기준들(norms)의 초월성에 대한 부정이며 그 기준들의 내재성을 강조하는 것은 포스트모더니즘에게 결정적이다. 진, 선, 미, 합리성과 같은 기준들은 더 이상 이것들이 통제하고 판단하는 과정과 무관한 것으로 여겨지는 것이 아니라 이러한 과정 속에 내재하며 이러한 과정 속의 산물들이다.[60]

예를 들어, 대부분의 철학자들이 정의란 개념을 사회적 질서를 판단하기 위해 사용하는 곳에서 포스트모더니즘은 정의의 개념이란 그 개념을 판단하도록 역할하는 사회적 관계의 산물 그 자체로 간주한다. 즉, 정의의 개념은 어떤

---

58 Ibid.
59 Ibid.
60 Ibid.

관심을 제공하기 위해서 어떤 시간과 장소에서 만들어지며 어떤 지적이고 사회적 맥락에 의존한다.[61]

사실상 이것은 관념론이나 어떤 규범들이 자연, 기호작용(semiosis, sign-production), 경험, 사회적 관계 등과 무관하다고 주장하는 이원론을 거부하는 것이다.[62] 선이란 개념과 선한 것이라고 부르는 행위는 우리가 좋다라고 부르기를 원하는 것들과 무관하지 않다. 이것은 포스트모더니스트들에게 이러한 매우 규범적인(normative) 주장을 산출하는 사유와 쓰기와 협상과 힘의 과정을 보여줌으로써 다른 것들의 규범적 주장에 반응하도록 이끈다.[63]

이것은 포스트모더니스트들이 자신들의 규범적 주장들을 만들 수 없다는 것을 의미하는 것이 아니라 모든 규범적 주장을 문제시하는 분석의 한 형태를 불러일으킨다는 것을 의미한다.[64]

카훈이 주장하는 포스트모더니즘의 일반적 특징 중에 마지막은 구성적 다름(constitutive otherness)인데, 이것은 어떤

---

61 Ibid.
62 Ibid.
63 Ibid., 15-16.
64 Ibid., 16.

문화적 실체를 분석하는 데 사용된다.[65]

문화적 단위들로 여겨지는 것들, 곧 인간 존재, 낱말, 의미, 생각, 철학적 체계, 사회적 단체들은 배제, 반대, 위계화의 활동적 과정을 통해서만 명확한 단위로 유지될 수 있다.[66]

어떤 현상이나 단위는 특권을 가지거나 혜택을 받고 있지만 다른 현상이나 단위는 어떤 식으로든지 평가절하되는 위계적 이원론을 통해 이질적인 것 혹은 다른 것으로 나타난다.[67]

예들 들어, 계급이나 인종 차별이 있는 사회 조직을 조사하는 데 있어서 포스트모더니스트들은 특권을 가진 그룹이 스스로를 그렇지 못한 그룹의 특성을 가지지 않았다고, 사유와 문학과 법과 예술 속에서, 나타내고 묘사함으로써 자신들의 지위를 적극적으로 산출하며 유지해야만 한다는 것을 발견한다.[68]

철학체계에서 실재와 현상(appearance) 간의 이원론은 쓰레기통의 구성을 수반하는데, 특권화된 용어인 실제를 철

---

65 Ibid.
66 Ibid.
67 Ibid.
68 Ibid.

학체계가 인가하지 않는 현상(단순한 현상)은 그 쓰레기통 안으로 버려질 수 있다.[69] 이런 식으로 특권화된 이상적인 용어의 본래적 완전성이 유지될 수 있다.[70]

이것을 카훈은 은유적으로 표현해서 텍스트를 구성하는 것은 다름 아닌 여백(margin, 주변부)이라고 말한다.[71] 포스트모더니스트들은 특히 문학 연구에서 자신들의 관심을 잘 알려져 있고 공개적으로 밝혀진 텍스트의 주제들로부터 거의 언급되지 않은 것, 실제로 부재한 것, 암묵적으로 혹은 명확하게 평가절하된 것에 돌리는데, 왜냐하면 현존은 부재에 의해 구성되며 실제적인 것은 현상에 의해 구성되고 이상적인 것은 세상적인 것에 의해 구성되기 때문이다.[72] 이것은 진술된 메시지나 텍스트의 주제뿐만 아니라 스타일에도 적용된다.[73]

일단 우리가 텍스트에서 구성적 다름을 인식한다면 텍스트 자체는 그 의도에도 불구하고 우리에게 특권적 주제가

---

69 Ibid.
70 Ibid.
71 Ibid.
72 Ibid.
73 Ibid.

주변부 요소들에 의존한다는 것을 환기시킨다.[74]

카훈은 포스트모던 유형과 관련해서 포스트모더니스트들 사이에 있는 다양성을 포착하기 위해 적절한 범주화가 어려울지라도 포스트모더니즘의 세 가지 분류를 통해 이해하기가 쉽다고 말한다.[75]

첫째, 사회적, 정치적, 문화적인 근대의 조직이 근본적으로 바뀌어 이제 새로운 세계에 직면했다고 보는 역사적(historical) 포스트모더니즘이다.

둘째, 토대들의 확립 가능성을 부정하여 지식은 대상과의 관계에 의해서 타당하게 되는 것이 아니라 우리의 실용적 관심, 필요 등의 관계에 의해서 타당하게 되는 반실재론자(antirealist) 혹은 실재론을 정당화하려는 철학적 시도를 약화시키는 반토대론자(antifoundationalist)의 입장인 방법론적(methodological) 포스트모더니즘이다.

셋째, 위의 방법론적 비판에 근거한 현상의 실증적 재해석이며 통일성, 기원, 현존에 대한 비판을 고려할 때 자아, 신, 자연, 지식, 사회, 예술 등을 새로운 방식으로 이해하는

74　Ibid., 17.

75　Ibid.

실증적(positive) 포스트모더니즘이다.[76]

카훈에 따르면 포스트모더니즘 작가들을 구분하는 데는 몇 가지 중요한 문제들이 도사리고 있다.[77]

첫째, 포스트모더니스트들이 근대적 생각과 방법이 현시대에 단념된다는 역사적 주장을 하고 있는지, 근대적 방법의 오류에 대한 명확한 주장을 하지 않거나 그것들이 단념되어야 한다는 것을 제시하지 않고 근대적 방법의 정당성에 물음을 제기하는지, 근대 방식들의 부적절성을 주장하고 다른 것들에 동조하여 그 근대 방식들을 단념하도록 요구하고 있는지를 인식해야만 한다.[78]

예를 들어, 데리다가 서양의 모든 사고를 약화시키는 것으로 해석되어 왔지만 그는 로고스중심주의(logocentrism)나 서양의 전통적 토대주의의 대안이 없다고 진술한다. 다시 말하면, 단념될 수 없다고 분명하게 진술한다.[79]

카훈은 만일 이것이 맞다면 데리다의 비판과 방법론적 포스트모더니즘의 모든 형태들은 서양 전통에서 유사한 다양한 형태(예를 늘어, 고대 그리스 철학자 섹스투스 엠피리쿠

76　Ibid., 17-8.
77　Ibid., 18.
78　Ibid.
79　Ibid.

스[Sextus Empiricus]와 18세기 영국의 데이비드 흄)의 회의주의(skepticism)와 비슷한 것처럼 보인다고 보고 있다.[80]

둘째, 포스트모더니즘은 과거를 재포착하려는 시도에 상반되는 것처럼 보이지만 항상 그런 것은 아니다.

셋째, 포스트모더니즘의 정치적 함의에 대한 물음이 있다.[81]

이제까지 우리는 포스트모더니즘이 다양한 특징으로 다양한 분야에서 나타나지만 그럼에도 불구하고 공유하고 있는 특성들이 무엇인지를 카훈의 정리를 통해 살펴보았다. 다시 카푸토에게로 돌아가 보자.

카푸토 교수가 한국어판 서문에서 말하고 있는 것처럼 근대인들은 모든 것을 보편성이나 이성의 관점에서 사유하며 중심화된 관점을 통해 바라본다. 그의 말대로 근대주의자들은 질서를 추구한다. 그러나 포스트모더니스트는 혼돈 속의 질서를 추구하며 다른 것과 다원화된 것, 다양한 관점, 프로그램화되지 않은 것을 추구한다.

포스트모더니스트는 헤겔처럼 역사적 이성이 발전하며 구성하는 하나의 거대한 포괄적 체계를 통해 모든 실재

80　Ibid.

81　Ibid., 18-19.

(reality)를 지배하는 궁극적 목적을 포착하거나 추구하지 않는다. 포스트모던의 출현 배후에는 신학적으로 키에르케고어의 이러한 헤겔에 대한 비판이 놓여 있다고 카푸토 교수는 보고 있다. 어느 하나에 고정되어 이것이 누구에게나 적용되는 보편성을 획득하는 것은 포스트모더니스트들에게 어울리지 않는 말이다.

근대인들에게 합리적 이성이나 주체적 이성은 꿈이었으며 현실이었지만 포스트모더니스트들에게는 환상일 뿐이다. 전근대(premodern)의 신, 전통, 권위 등의 자리를 근대에 와서 이성이 그 자리를 차지했다. 이성은 진리의 최종적 심판자이며 결정자이다.

전근대의 사유방식처럼 인간 이성은 세계에 참여하며 지식은 인간 이성이 세계를 조우하는 행위였지만[82] 이제 근대에 와서 이성 스스로가 세계와 무관하게 세계를 측정하고 범주화하고 통제하는[83] 세계의 입법자가 된다.

데카르트의 코기토(*cogito*)와 칸트의 초월적 자아는 경험 세계의 자기 외부적 대상들을 내면화시키고 표상하는 절대적 힘을 가진 지식의 최종적 준거가 된다. 이것이 바로 인식

---

[82] *Christianity and the Postmodern Turn: Six Views*, 23.
[83] Ibid., 23.

론적 전회이다.

"신은 죽었다"라는 니체의 선언을 통해 초감성적 무의미성을 주장하며 그 동안 최고로 가치로 있었던 것들(신담론과 같은 것)이 그 가치를 상실하고 전복되어(니힐리즘) 새로운 가치, 즉 힘에로의 의지로 전도된다. 근대에는 각 철학자마다 신에 대한 입장이나 담론이 다르겠지만 니체의 이런 입장[84](물론 웨스트팔 같은 학자는 포스트모던 철학자들 하이데거, 데리다, 푸코, 리오타르, 로티를 포함해서 니체의 관점주의를 우리가 하나님이 아니라는 입장에서 변호하고 있다[85])보다는 그래도 신적 담론의 여지가 있었다.

칸트는 삼위일체 교리와 같은 것이 실천의 영역과 무관하기 때문에 무의미한 것으로 간주하기도 하지만 신의 영역이 도덕성의 담보를 위해 남아 있었으며 범신론으로 비판받는 헤겔이지만 칸트보다는 훨씬 더 신적 담론의 가능성이 충분하다(물론 초기 근대보다는 후기 근대가 더욱 부정적 의미의 신적 담론이 강할지라도 말이다). 심지어 비트겐슈타인에게도 말할 수 없는 영역으로 남아 있었다.

---

84 역자는 니체를 포스트모더니즘의 전조라고 생각하는 입장에서 이렇게 말한 것이다.
85 이를 위해 *Christianity and the Postmodern Turn: Six Views*, 27-28, 141-153을 참조.

카푸토가 키에르케고어를 포스트모던의 전형으로 간주하고 있지만 역자가 보기엔 오히려 키에르케고어는 자신을 소크라테스라고 여기며 헤겔의 철학 사상에 반대하고 당대의 기독교 국가의 실상을 비판하며 인간의 자아관이나 삶을 분석한 것이 결국 하나님과의 참된 종교적 관계를 회복하려는 이유였지 우리가 이제까지 언급한 포스트모던의 특징을 지닌 기독교를 옹호하고 그런 양상을 보이는 것은 아닌 것으로 보인다.

우리가 위에서 카훈이 정리한 포스트모더니즘의 특징과 역사를 살펴본 것처럼 포스트모더니즘은 객관적 지식과 세계와 텍스트의 일의적 의미를 부정하고 진리 그 자체를 인정하지 않는다. 근대성을 탈피하는 포스트모더니즘은 더 이상 형이상학이나 인식론이 핵심이 아니라 언어에 대한 합리적 설명이 핵심이 된다.[86] 세계와 자아를 구성하는 것은 언어이다. 포스트모더니즘 시기를 언어적 전회라고 부르는 이유가 바로 여기에 있다.[87]

포스트모던 관점은 사물의 존재 방식을 기술하지 않으며

---

86 전근대에서 근대성으로의 이동은 형이상학에서 인식론의 변화이며 포스트모던 전회에서는 더 이상 형이상학이나 인식론이 아니라 언어가 핵심이라고 페너(Penner)는 보고 있다. *Christianity and the Postmodern Turn: Six Views*, 24.

87 *Christianity and the Postmodern Turn: Six Views*, 24.

절대적 확실성이 단념된 후에 사유하고 이론화할 때조차도 사유가 합리적으로 가능하다는 것의 경계를 설정하지도 않는다.[88] 포스트모더니즘의 특징은 카훈을 따라 살펴본 것처럼 재현을 인정하고 현전의 부정하는 것, 현상의 배후에 대한 기원을 부정하는 것, 존재나 개념의 단일성보다는 복수성을 초월적 기준보다는 내재적 기준을 긍정하는 것, 구성적 다름 등이 있다.[89]

이런 상황에서 어떻게 신담론이 자리 잡을 수 있겠는가?

본서의 카푸토의 견해에 따르면 신담론이 가능하다고 보고 있다(본서 7, 8장). 역자는 본서와 다른 그의 저서를 통해 그가 말하고 있는 포스트모던 시대의 신적 담론이 왜 가능한지와 유신론적 특히 개혁적, 고백적 기독교의 관점에서 그가 말하는 포스트모던의 신담론이 문제가 없는 것인지를 간략하게 살펴보고자 한다.

카푸토의 철학 사상은 철저히 포스트모던적이며 그렇기 때문에 해체철학자들이다. 우리가 그의 신학의 입장과 종교 또한 이러한 포스트모더니즘의 맥락에서 해석하는 것은 당연하다.

---

88 Ibid., 25.
89 일반적으로 우리가 말하는 다원주의, 상대주의, 회의주의가 모두 여기에 해당될 것이다.

포스트모더니즘은 해체라는 토대 위에 있다. 전통과 근대를 비판하지만 근대에 발을 딛고 근대를 넘어서는 것처럼 전통에 발을 딛고 전통을 넘어가려는 사상이다. 마치 해체가 모든 것을 무너뜨리고 없애고 부정하는 것이 아니라 하이데거의 언급처럼 해체는 "과거를 무(無) 속에 파묻어버리는 것이 아니다"(『존재와 시간』, 41, 22). "해체는 그 반대로 전통을 그것의 긍정적인 가능성에 있어 그것의 한계에 있어 표시해야 한다"(『존재와 시간』, 41, 22).

이러한 하이데거의 포스트모더니티는 이미 1900년에 죽은 니체에게서 가치전도의 사상과 맥을 같이한다. 니체에게 허무주의 극복은 인생 혹은 생에 대한 강한 애착과 긍정에 대한 의지로 발생하지만 이것이 일어나는 곳은 허무주의로부터이다. 가치전도는 그 전도될 내용의 기반이 있어야 전도이다. 신이 죽은 자리에 다른 새로운 가치가 위치한다. 낡은 기독교의 도덕성과 초감성적 영역이 전회나 전복을 통해 그 자리에 새로운 가치가 들어섰다.

니체는 이 같은 반신학적 방식으로 포스트모던의 출현을 예고한다고 카푸토는 보고 있다. 그러나 그는 "만일 근대성의 경향이 세속주의와 신의 죽음에 대한 니체의 선언에서 극에 달했던 종교비판을 향해 있었다면 포스트모더니즘은 흥미롭게도 후기-세속(post-secular)이 될 것이며 '하나님의 죽음 이후'가 되기" 때문에 오히려 포스트모던 시기는 종교나 신학의 자리가 마련될 수 있다고 보고 있다.

그래서 니체에게는 프로테스탄트가 우려하는 특히 개혁파 신학에서 포스트모더니즘에 대해 여러 가지 우려하는 점들과 다르게 포스트모던 시기는 종교와 신학이 다시 한 번 출현할 시대라고 보고 있다. 포스트모던 시기는 전근대와는 동일할 수 없지만 근대보다는 종교와 신학의 목소리가 다시 출현할 수 있는 기회를 다시 한 번 제공해 준다고 보고 있다.

포스트모던 시대에 나타나는 상대주의나 다원주의는 포스트모던적 전회가 종교와 신학에 제공하는 새로운 발언권에 비하면 카푸토 교수에게는 문제가 되지 않는다. 이러한 종교가 없다고 생각되는 시기가 오히려 종교담론이나 신담론을 말할 수 있는 호기이며 기회라는 것에 종교를 가진 특히 필자가 고백하는 기독교 유신론자들은 귀담아 들어야 할 것이다.

본서는 총 8장으로 구성되어 있다. 장마다 제목이 없어서 역자가 임의적으로 각장의 제목을 정하였다. 저자는 굵직한 철학자들과 신학자들 예컨대 플라톤, 아리스토텔레스, 아우구스티누스, 안셀무스, 토마스 아퀴나스, 데카르트, 칸트, 니체, 비트겐슈타인, 폴 틸리히, 하이데거, 데리다

등을 통로로 철학과 신학 간의 상호관계성을 적은 분량의 책에 소개한 것 이상의 내용 등을 담아 논의하고 있다.

카푸토는 본서에서 철학과 신학 간의 관계를 크게 전근대(premodern)와 근대(modern) 그리고 포스트모던(postmodern) 시기로 구분하여 다룬다. 이 시기에 해당되는 철학자들인 플라톤, 아리스토텔레스, 아우구스티누스, 안셀무스, 토마스 아퀴나스(이상 전근대), 데카르트, 칸트, 헤겔, 슐라이어마허, 키에르케고어, 니체(이상 근대), 데리다(포스트모던)를 자신이 필요한 만큼 언급하며 철학과 신학 간의 관계가 전근대에는 우호적인 관계에, 근대에서는 대립관계에 그리고 포스트모던 시기에는 그 관계가 다시 회복된다고 본다.

마지막 자신의 입장을 밝히는 부분(7장)에서는 전근대에 존재했던 철학과 신학 간의 상호관계성이 근대에 와서 치열한 전투 속에서 파괴되고 자크 데리다를 일종의 반유신론적 아우구스티누스주의라고 부르며 포스트모던 시기에 와서 다시 신앙과 신학, 종교적 담론의 가능성이 열렸다고 주장한다.

1장에서 8장까지 카푸토가 주장한 철학과 신학 간의 관계에 대한 통찰력에 역자는 동의한다. 7장에서 데리다의 반유신론적 아우구스티누스를 다룬다. 이를 위해 그가 토마스 아퀴나스가 아니라 아우구스티누스를 선택한 것을 본서 7장에서 다음과 같이 말한다.

> 필자가 토마스 아퀴나스가 아닌 아우구스티누스로 이러한 대담한 가설을 시험해보고 있다는 것을 주목해라. 아우구스티누스는 포스트모던 신학을 위해 매우 흥미로운 가능성을 제시한다.

이에 대한 근거는 아우구스티누스가 신앙과 이성의 관계성에 대한 더욱 조화로운 생각을 가지고 있기 때문이라는 것이다. 아우구스티누스는 자신의 신앙이 삶 가운데서 무엇이 진행되고 있는지를 이해하게 해주는 유일한 방식이라고 확신했다.

그래서 카푸토는 데리다와 아우구스티누스와의 관계를 설정하며 아우구스티누스의 종교관과 신앙관이 데리다의 그것과 매우 가까울 수 있다고 주장한다. 아우구스티누스에게서 데리다를 발견할 수 있다고 본다. 데리다의 아우구스티누스이다.

이런 점에서 아우구스티누스는 포스트모던적이다. 역자는 그가 이해한 아우구스티누스가 포스트모던에 적합한 이유가 무엇이며 왜 그렇게 주장하는지 그리고 그가 아우구스티누스/데리다의 유비를 그대로 수용할 수 없으며, 마치 고딕 성당과 현대 건물의 이상의 조합일 수도 있다고 인정하지만, 데리다의 아우구스티누스가 본래 전통적인 아우구스티누스인지에 물음을 던지고 싶다.

카푸토는 데리다와 아우구스티누스를 출생과 삶, 가장 중요한 사랑과 기도의 대상에서 유비 관계를 찾고 있다. 이러한 유비 관계는 가능할 수 있다. 그러나 사랑 혹은 기도의 대상에 대한 그의 논의에 의문점을 제시할 수 없는지 더 나아가 종교에 대한 그의 생각이 데리다와 아우구스티누스와 관련하여 어떤 의미를 가지는지 그의 구체적인 논의를 따라가 보자.

데리다는 아우구스티누스가 『고백록』에서 "우리의 마음은 당신(하나님) 안에서 쉴 때까지 쉴 수 없나이다"라고 고백한 그 고백의 대상인 하나님에게만 한정하여 쉼 없는 마음을 맡기지 않는다. 그래서 카푸토에 다음과 같이 말한다.

> 데리다는 자신의 쉼 없는 마음을 아우구스티누스의 하나님처럼 사랑하는 단일한 대상에 고정된 방식 안에서 쉬게 할 수 없었다. 데리다에게 하나님의 명칭에 대한 기능은 쉼의 평화를 초래하는 것이 아니라 여전히 더욱 쉼 없는 탐구를 환시키는 것이다. 왜냐하면 그에게 하나님의 항상성은 하나의 고정되고 규정된 명칭을 가지고 있지 않기 때문이다.

기독교의 신에 대한 명칭을 하나님이란 명칭으로만 고정되는 것은 아니다. 문제는 다른 명칭을 사용해서도 그 명칭이 아우구스티누스가 고백하는 기독교적 신에 해당하는지는 의문이다. 여호와, 야훼가 우리나라에서 하나님이라는 명칭으로 명명되듯이 명칭은 다를 수 있지만 그 명칭의 다름이 동일하지만 명칭만 다른 신을 말하는 것이 아니다. 명칭이 다르지만 아우구스티누스가 고백하는 동일한 신일 수 있다. 여기에서 카푸토가 데리다에게 아우구스티누스의 『고백록』을 적용시켜 말하는 신에 대한 명칭은 이러한 점과는 다르다.

카푸토는 아우구스티누스의 하나님이란 단일한 대상 이외에도 데리다의 관점에서 다른 대상들도 사랑과 기도의 대상이 될 수 있다는 점이다. 카푸토는 본서뿐만 아니라 『연약한 하나님』(*The Weakness of God: A Theology of the Event*)에서도 레비나스를 포함하여 데리다를 무신론자로 간주한다.[90] 그는 레비나스가 성경의 생각을 "아듀"(*adieu*: 안녕,

---

90 J. Caputo, *The Weakness of God: A Theology of the Event* (Bloomington & Indianapolis: Indiana University Press, 2006), 265. 이하 *WOG*라 약함. 데리다는 『할례고백』에서 자신을 무신론자로 통한다(rightly passes for an atheist)고 고백한 표현을 카푸토가 사용하고 있다.

하나님에게 혹은 하나님을 지향하기)라는 낱말[91]로 전환한 것을 데리다는 또 다시 그의 환대(hospitality) 개념의 토대로 사용한다고 말한다.[92]

데리다는 "아듀"(*adieu*)를 말할 수 있는가?

이것이 그에게는 어떤 의미가 있는가?

만일 데리다가 무신론자로 통한다면 우리는 어떻게 그가 하나님에게, 하나님 쪽으로 이미 지향되어 있었는지를 생각할 수 있는가?[93]

데리다는 하나님을 향해 있는가?

누구에게 데리다는 기도하는가?

어떻게 무신론자로 통하자는 사람이 하나님에게 자신을 맡길 수 있는가?

어떻게 우리는 하나님에게(*adieu*) 말하고 기도하며 하나님 나라의 환대를 실행하며 그 나라에 속하지 않을 수 있는가?

---

91 레비나스에게 "아드 둠"(*ad deum*)에서 나온 하나님에게(to God)라는 "아듀"(*adieu*)는 하나님에게 지향하기의 의미를 가지고 있다. "아-디유"(*a-Dieu*)에서 "아"(*a*)는 하나님을 지향하기를 의미한다. 이것은 사동직으로 지향하는 자율적 자아의 의식적 자유에 의해 취해지는 지향이 아니라 의식적 자아가 발을 들여 놓고 방향을 돌리기 훨씬 전에 하나님에게 이미 지향되어 있음[being-already-turned to God]을 의미한다. 그러므로 나는 항상 이미 하나님 쪽으로(by God) 하나님에게(to God) 지향되어 있다(*WOG*, 264).

92 *WOG*, 264.

93 Ibid., 265.

반대로 어떻게 우리가 무신론자로 통하면서 하나님 나라의 밖에서 있지 않을 수 있는가?

대답은 사건(event)에 놓여 있다. 이는 "아듀" 속에서 우리에게 들이닥치는 사건이 하나님의 이름에 의해 확립된 경계(border)를 넘어가게 해주기 때문이다.[94] 그에게 하나님의 이름은 사건이며 이것이 사건을 제공한다(harbor). 신학은 사건의 해석학이다. 신학의 과제는 그 이름 안에서 발생하는 것을 해방시키는 것이다.[95] 카푸토에게 이런 점에서 신학은 사건의 신학이다.[96]

---

94 Ibid., 266.

95 Ibid., 2.

96 사건이 무엇을 의미하고 이 사건이 명칭과 어떤 관계를 지니는지를 그는 상세하게 *WOG*, 2-7에서 설명한다. 요약해 보면 명칭들은 사건을 포함하지만(contain) 사건은 억제할 수 없고(uncontainable), 사건들은 명칭들을 약속과 미래, 기억과 과거, 사건이 포함할 수 없는 것을 명칭들은 가지고 있다는 결과로 인해 활동적으로 만들기 때문에 사건은 무억제성(uncontainability)의 속성을 가지고 있다. 명칭은 자연어이며 역사적으로 구성되지만 사건은 명칭에 출몰하는 으스스한 유령 같은 것이다. 명칭은 사건을 포함하지만 사건은 원칙적으로 명칭에 의해 포함될 수 없다. 사건에 무억제적이고 무조건적인 어떤 것이 항상 있지만 하나님과 같은 명칭은 조건화되고 부호화된 기표의 문자열(strings of signifier)에 속한다. 사건은 명칭에 의한 끊임없는 번역가능성으로 인해 단순한 발생과는 다르다. 명칭은 끊임없이 번역가능한데, 내적인 의미론적 본질이 번역될 수 있다는 의미에서가 아니라 명칭들이 사건을 향해 이행한다는 의미에서 사건은 명칭들이 번역하려고 하는 것이다. 명칭은 번역가능성이며, 명칭은 탈문자(deliteralization)이다. 우리에게 발생하는 사건들은 우리를 넘어서고 능가하여 사건은 과잉(excess)이다. 사건의

그 사건이 우리에게 말하는 이름이 무엇이든, 우리가 반응하는 것이 하나님의 이름 그 자체이든지 아니든지 간에 하나님 나라는 하나님의 이름에서 서서히 끓어오르는(simmer) 사건에 의해서, 그 사건에 대한 우리의 반응에 의해서 구성된다.[97] 이 모든 것을 설명하는 한 가지 방식은 "아듀"가 하나님 나라의 경계를 넘어 혹은 밖으로 번역될 수 있는가(translated)에 답하는 것이다.

데리다와 같은 사람은 그 나라의 국경(borders)을 들키지 않고 건넌 밀입국한 불법적 이민자인가?

누가 그 나라 안에 있고 누가 그 나라 밖에 있는가?[98]

카푸토가 보기에 "아듀"에서 일어나는 사건의 번역은 데리다에게 환대의 핵심적 요구이며 "아듀"라는 낱말의 번역, 즉 "아듀" 안에서 일어나는 사건의 번역에서 데리다는 계속해서 작업해 오고 있다고 본다.[99]

어떤 이름이나 명칭도 그 사건을 장악하도록 허락 받

과잉은 반드시 좋은 소식일 수만 없다(evil). 사건은 존재를 넘어선다(beyond Being). 사건은 명칭의 진리를 구성한다. 사건은 시간적 특성을 지닌다.

97　Ibid.
98　Ibid.
99　Ibid., 267.

> 을 수 없으며 심지어 하나님이란 명칭 그 자체도 그 사건을 장악할 수 없는데, 왜냐하면 그런 명칭 하에서 전개되는 사건은 많은 다른 명칭들 하에서 드나들기 때문이다.[100]

한 사건을 한 명칭이나 이름에서 해방시키고 구속시키지 않으려는 하나님의 이름 내에서 동요하는 이러한 사건 신학의 주장 중에 하나는 사건의 이름이 무한히 다른 이름들로 번역가능하다는 것이다.[101] 진리가 일어나도록 하는 것, 환대를 실행한다는 것은 그 나라에 멤버됨을 구성하는 것이다. 비록 무신론자로 통할지라도 그 나라와 세계를 구분하는 선은 유신론자나 무신론자를 나누는 선이 아니다. 이것은 사건의 문제이지 영역이나 비영역의 문제가 아니다.

이러한 구분은 명칭들이 품고 있는 사건의 비해체가능성과는 반대로 이러한 명칭들의 무한한 의미론적 번역가능성(translatability)과 해체가능성(deconstructibility)의 관점에서 상대화될 수 있다.[102] 그 나라의 바보 같은 논리에 따르면, 이

---

100 Ibid.
101 Ibid.
102 Ibid., 268.

것이 그 나라 안에 있는 외부인들의 방식이지만 그들의 멤버됨을 당연하게 여기는 사람들, 만찬으로의 그들의 초대를 당연하게 여기는 사람들은 자신들이 밖에 놓여 있다는 것을 발견한다.[103]

하나님 나라의 경계는 막혀 있지 않으며(porous), 그리스도인, 유대인, 무슬림 사이에서 유신론과 무신론, 신학, 무신학, 하나님(*Dieu*: 디유)과 하나님 없음(*sans Dieu*: 상디유) 종교 없는 종교 간의 일종의 "신성한 비결정성"(holy undecidability)을 결정하지 못하게 하여 낯선 자를 사랑하시는 하나님의 명칭 속에 있다.[104] 이것은 하나님이란 명칭이 한 사건의 명칭이기 때문에, 즉 환대의 사건으로 번역될 수 있고 번역되어야만 하는 우리 문 앞에서 부르고 있는 사건의 명칭이기 때문이다.[105]

카푸토에 따르면 데리다는 하나님이란 명칭을 소멸시키거나 지우는 것(하나님 금지)이 아니라 그것을 번역으로 개방하는 것이며 그렇게 번역함으로써 이름의 소멸(sauf le nom)을 안전하게 유지하는 것이다.[106] "아듀"는 하나님의 이름을 환대의

---

103   Ibid., 268-69.
104   Ibid., 269.
105   Ibid.
106   Ibid.

사건으로 번역한다는 것을 의미한다.[107] 이런 방식이 바로 무신론자로 통하는 데리다에게는 하나님 없는 하나님에게를 말하지만 하나님에게(a-Dieu)를 말할 수 있는 가능성이다.[108]

카푸토는 데리다의 하나님 없는 하나님에게는 하나님의 죽음과 밀접하게 관련되어 있지만 정확히 니체의 견해가 아니라 사건의 신학에서 가장 중요한 좀 더 레비나스의 견해의 하나님의 죽음과 밀접한 연관이 있다고 보고 있다.[109] 카푸토는 또한 데리다 못지않게 레비나스도 무신론자로 통한다고 언급한다. 카푸토에 따르면 "레비나스에게 하나님은 영원(eternity)이 아니라 윤리의 사건, 다시 말하면 나를 낯선 사람에게 명령하고 낯선 사람이 나에게 명령하는 윤리적 명령(ordo ordinans)이다. 하나님은 최고의 존재가 아니라 존재 없는 거룩한 당위(das heilige Sollen)의 거룩한 영(der heilige Geist)이다."[110]

---

107 Ibid., 275.

108 Ibid.

109 Ibid. 물론 카푸토도 레비나스는 "하나님의 죽음"을 말한 사상가로 이해되어야 한다는 롤란드(Jacques Rolland)의 주장에 동의하는 것이다(Ibid., 336). 레비나스는 나쁜 양심에 대한 니체의 해석에 동조하지 않지만 플라톤주의의 니체적 전도(inversion)와 플라톤적 기독교 형이상학에 대한 니체의 비판에는 찬성한다(Ibid., 269).

110 Ibid., 271.

하나님의 현현은 낯선 자와의 면대면의 관계성 속에서 발생한다.[111] 그래서 그에게 하나님의 나라는 현세의 갈등의 상처를 씻기 위한 사후 삶의 약속, 영원한 삶 혹은 눈물의 골짜기에서 타자를 위해 지불했던 비용을 되돌려 받는 영원한 보상을 제공하는 것이 아니라 시간 속에서 살아가는 어떤 방식이며 시간이 다스리는 방식이며 시간의 규범이며 이것이 하나님의 규범이다.

우리는 죽음을 영원한 삶에 의해 정복할 수 있는 것은 플라톤주의 혹은 기독교가 아니라 오히려 타자와의 관계와 출산[112](fecundity) 속에서 정복할 수 있다.

> 타자는 형이상학적 진리의 소재이며 하나님과 나의 관계에 필수불가결하다. 타자는 중재자의 역할을 하는 것이 아니다. 타자는 하나님의 성육신이 아니라 하나님이 계시되는 고도한 것(the height)의 현현이다(*T&I*, 78-79).

111　Ibid.
112　"가능성들에 대한 힘으로 환원될 수 없는 그런 미래와의 관계를 우리는 출산이라고 부른다. 출산은 동일한 것의 이중성을 드러낸다. 출산은 내가 움켜잡을 수 있는 모든 것-나의 가능성들을 지시하지 않는다. 출산은 나의 미래를 지시하는데, 이 미래는 동일자의 미래가 아니다-새로운 아바타가 아니다." Emmanuel Levinas, *Totality and Infinity*, trans. Alphonso Lingis (Pittsburgh, Pennsylvania: Duquesne University Press, 1969), 267-68. 이하 *T&I*로 약함.

레비나스에게 하나님은 윤리적 사건이다.[113] 레비나스는 종교를 윤리로, 전적 타자인 하나님의 이름을 전적인 윤리적 이름으로 번역하였으며 이러한 윤리적 이름의 중요성은 나와 관계하는 이웃과 낯선 자에게 봉사하는 것이다.[114]

틀린 말은 아니다. 하나님은 분명 신국백성과 신국백성이 아닌 자의 경계를 어떤 교리적이고 율법적인 할례를 통해서 아니라 오순절 사건 이후 성령을 통해 그 경계를 허물고 모두가 신국백성에 포섭되길 원하신다. 우리가 믿는 기독교 하나님은 그런 하나님이다. 기독교가 말하는 신이라는 명칭을 통해 야기되는 사건이 기독교에서 말하는 하나님의 나라를 구성하는 요소들이다. 그러나 기독교에서 말하는 신의 이름이 이방인과 하나님 나라 백성 간의 장벽을 허물 수 있는 사건으로 이행할 수 있는 능력을 인정하고 그것을 믿는 것과 기독교가 성경을 통해 말하고 있는 신의 이름을 믿는 다는 것은 별개의 문제이다.

이방인(낯선 자)과 신국백성의 장벽을 허물 수 있는 사건

---

113 카푸토는 그에게서 하나님을 사건으로 번역할 수 있는 생각에 신세를 지고 있지만 그 사건의 과잉을 과소평가하여 윤리적 범주에 제한한 것이 자신의 불만이라고 언급한다(*WOG*, 273).

114 *WOC*, 273. 웨스트팔(Merold Westphal)은 이것을 윤리학의 목적을 위한 종교의 목적론적 중지라고 부른다(Ibid., 273).

들은 기독교의 하나님이란 명칭을 통해만 가능한 것이 아니다. 이것은 기독교 이외의 다른 종교의 신도 할 수 있는 능력이다.

환대의 하나님, 사랑의 하나님, 정의의 하나님의 능력을 인정하고 믿는다고 해서 부활의 하나님, 공의와 심판의 하나님, 삼위일체의 하나님, 성자 하나님을 믿는 것은 아니다. 그렇기 때문에 그러한 이름을 통해 일어나는 모든 사건이 하나님 나라 안에 포섭될 수 있는지는 의문이다. 그리고 이후에 밝혀지겠지만 카푸토가 이해한 아우구스티누스의 하나님이 실제로 아우구스티누스가 말하는 하나님과 동일할 수 있는지이다.

레비나스, 데리다, 카푸토에게 신없는 신에게(*adieu ans Dieu*: 아듀 앙 디유)에서 신은 혹은 종교 없는 종교에서 종교는 개혁적, 고백적 기독교 관점에서 보자면 윤리학일 뿐이다.

카푸토에 따르면 아우구스티누스보다 데리다가 더 고백적 신앙을 가지고 있다. 데리다는 아우구스티누스가 고백한 하나님의 명칭은 "하나님처럼 사랑하는 단일한 대상에 고정된 방식 안에서 쉬게 할 수 없었다." 카푸토는 다음과 같이 말한다.

믿음과 사랑은 끝없는 번역가능성(translatability)에 영원히 계속 관련되어 있는데, 왜냐하면 그는 결코 그 비밀을 알지 못하기 때문이다. 그 비밀은 비밀이 없고, 기밀하게(privileged) 접근하지 않으며, (데리다와 아우구스티누스의 우연의 일치-역주)놀이를 멈출 수 있는 KO펀치는 없다. 데리다의 관점에서 아우구스티누스가 다루는 규정된 명칭은 그 비밀을 사용하는 매우 다양한 방식이며 무규정된 것을 규정하고 언표불가능한 것을 언표하고 그러한 놀이를 멈출 수 있는 매우 다양한 방식들이다.

카푸토에 따르면 "더욱 상처 입고 더욱 상처 난 주위를 잘라내는 것"(할례, circumcisional)이고 "할례고백적"(circum-fessional)인 낱말처럼 "진정한 기도가 일종의 상처 입은 낱말이라고 한다면 데리다의 『할례고백』이 아우구스티누스의 『고백록』보다 더욱 많은 기도를 열심히 드리고 있다"고 생각한다.

> 아우구스티누스의 『고백록』은 또한 필자가 특정한 신앙 혹은 규정된 신앙을 고백하고 공언한다라는 콘피테오르(confiteor, 고백적 기도)의 의미에서 고백이라

는 것을 기억하라. 반면에 데리다의 신앙은 어떤 점에서 더욱 순수하게 고백적이며 자신으로부터 억눌려진 것에 대한 신앙을 고백한다는 점이다. 그래서 데리다가 무신론자이고 신학자가 아니라 할지라도 그가 다른 곳에서 종교 없는 종교라고 부른다는 점에서 그에게는 종교적인 어떤 것이 있다.

이런 점에서 카푸토는 "데리다에게도 최소한의 종교적인 것, 기도하는 것, 신앙적인 것, 소망하는 것이 있으며 아우구스티누스에게 있는 것처럼 똑같이 있다"고 말고 있다. 그래서 카푸토에 따르면 이 둘의 차이점을 다음과 같이 언급한다.

신앙과 무신앙 간의 차이점이나 소망과 절망 혹은 절대주의와 상대주의 간의 차이점이 아니다. 그것은 두 신앙들 간의 차이점, 즉 구체적인 신앙 공동체에서 나타난 규정된 한 종류의 신앙과 조금은 길을 읽고 헤매고 그리 깊게 자리잡고 확고한 것은 아닐지라도 아마도 그 방식 속에서 더욱 순수한 신앙, 신앙 그 자체에 대한 신앙인 또 다른 한 종류의 무규정된 신앙이다.

역자가 보기에게 이런 의미가 바로 포스트모던 시대(혹

은 탈근대 시대)의 신학의 한 경향이며 신앙일 것이다. 저자인 카푸토도 이런 식의 신앙을 선언하는 사람 중에 한 사람이다. 카푸토에게 데리다의 하나님과 아우구스티누스의 하나님은 기도의 대상과 사랑의 대상이 다른 명칭이며 다른 대상일지라도 이것은 신앙의 유무에 대한 차이가 아니다.

카푸토에 따르면 차이가 있다면 아우구스티누스의 신앙은 아브라함에서 사도들에게 전해 내려온 하나님이며 이 하나님을 믿는 공동체가 다른 신이 아니라 이러한 하나님께, 즉 (규정되고, 고정된) 하나님께 기도하지만 데리다의 신앙의 대상은 아우구스티누스처럼 규정된 대상이나 특정한 하나님이라는 고정된 대상이 아니라 무규정된 대상을 신앙하고 사랑한다는 것의 차이이다.

아우구스티누스가 규정된 대상으로서의 '당신'(하나님)에게 기도하고 사랑하고 소망하는 것이 데리다의 입장에서는 언표불가능하고 무규정된 대상을 언표하고 규정하는 다양한 방식 중에 하나라고 보고 있다.

그러나 분명한 것은 이 물음이 카푸토에게 삶의 열정이 될 수는 있어도 그가 인용하고 있는 아우구스티누스는 자신의 『고백록』에서 "당신을 알지 못하고 누가 당신께 기도할 수(*invoco*: 기도하다-역주) 있겠습니까? 왜냐하면 당신을 알지 못하는 자는 당신이 아닌 어떤 자로 당신에게 기도할

수 있기 때문입니다"고 말하며 또한 "'당신'을 알기 위해서 기도한다"고 말하고 있다.[115]

종교에 대한 그의 논의를 통해서 좀 더 논의해보자. 카푸토는 『고백록』 10부에서 나타난 아우구스티누스의 물음, 곧 "내가 당신을 사랑한다고 할 때 나는 무엇을 사랑하나이까?"라는 물음과 요한일서 4:16에 나오는 "하나님은 사랑이시라"에 근거하여 본서에서 "하나님"은 정의나 평화와 같은 명칭들처럼 사랑해야 할 최고의 명칭들 중에 하나인가 혹은 정의나 평화처럼 "사랑"은 하나님을 말할 때의 최고의 명칭들 중에 하나인가를 묻는다.[116]

이와 유사하게 카푸토는 『종교에 대하여』(On Religion)에서 "우리가 머리 숙여 온 힘을 다해 하나님을 사랑할 때, 사랑이 하나님을 예증하는지 신이 사랑의 예증인지 우리는

---

[115] St. Augustine, *The Confessions of St. Augustine,* ed. Rosalie De Rosset (Chicago: Moody Publisher, 2007), 19.

[116] 카푸토는 데리다도 동일한 질문을 하고 있다고 말한다. "『고백록』을 인용하면서 데리다는 '내가 당신을 사랑한다고 할 때, 나는 무엇을 사랑하는지'를 아우구스티누스에게 물어보며 자신의 일생동안 자신에게 그런 물음 외에는 다른 어떤 것도 하지 못했다는 것을 덧붙인다. 아우구스티누스는 하나님에게 '내가 당신을 사랑할 때 내가 사랑하는 것은 무엇인가?'라고 묻는다. 내 주변의 세상에 있는 아름다운 것들인가? 하늘에 있는 별들인가? 아우구스티누스는 그것들을 대신해서 아니, 아니라고 대답하는데, 왜냐하면 그것들 모두는 하나님이 우리를 만들었다고 반응하기 때문이다"(본서 7장).

알지 못한다. 혹은 정의가 하나님에 대해 말하기 위해 우리가 사용하는 명칭들 중에 하나인지 아니면 하나님이란 명칭은 정의에 대해 말하는 하나의 방식인지 알지 못한다"[117]고 말하고 있다.

또한 카푸토는 "내가 당신을 사랑한다고 할 때 나는 무엇을 사랑하나이까? 그것은 신인가? 정의인가? 사랑 자체인가?"[118]라고 묻는다.

> 나는 이 문제로 고심하는 사람이며, 신의 이름은 내가 고심하고 있는 것의 명칭이다…나의 온 생각은 이러한 물음에 '대답'이라고 불리는 것이 있다는 점을 의심하기 때문에 우리가 할 수 있는 유일한 일은 **대답하는 것**이다.[119]

내가 누군가를 사랑하는지 알지 못한다고 할지라도 오히려 무엇을 사랑하는지를 규정하고 결정하는 것은 대답하려는 노력이 없어지는 것이기 때문에 내가 무엇을 사랑하는지를 고민한다면 "우리의 힘, 잠재력, 가능성의 한계를 경

---

[117] John D. Caputo, *On Religion* (New York, N.Y: Routledge 2001), 24-26. 이하 *OR*로 축약함.

[118] Ibid., 27.

[119] Ibid., 27-28.

험하고 우리의 힘을 초월하는 불가능한 것에 직면하여 스스로를 찾을 수 있는 바로 그 지점에서 종교적인 것의 구조가 우리의 삶 속으로 침입하고 있다"[120]고 카푸토는 말한다. 그리고 종교는 우리 자신뿐만 아니라 우리가 사랑하는 것에 관해 고심하게 하며 불가능한 것에 의해 우리 자신이 혼란스럽고 고심하도록 부추긴다.[121]

카푸토에게 모든 사람이 종교적이며 종교성을 가질 수 있는 이유가 여기에 있다. 그래서 카푸토가 위에서 진술한 바처럼 데리다가 무신론자이지만 종교적인 사람이 될 수 있다. 하이데거처럼 무신론자(atheist)가 아니라 비신론자(a-theist)이다.[122]

종교가 인간의 고유한 구성요인이지만 카푸토는 다음과 같이 말한다.

> 종교인이라는 말로 나는 인간 경험의 기본 구조와 심지어, 내가 보여주려고 소망하는 바처럼, 인간의 경험을 실제로 발생하는 것으로의 경험으로 최대한 구성

---

[120] Ibid., 29.
[121] Ibid.
[122] Judith Wolfe, *Heidegger and Theology* (London, New York: Bloomsbury, 2014), 61.

> 하는 바로 그것을 의미한다. 나는 종교를 무슬림 혹은 힌두교, 가톨릭이나 개신교처럼 신앙고백적이거나 종파적인 것으로 제한하지 않는다…일요일 아침에 교회에 가는 종교적 사람들과 집에서 「썬데이 타임즈」를 읽는 비종교적 사람을 구분하는 것 대신에 나는 오히려 사람들 속에서, 우리 모두 속에서 종교인들을 말한다(OR, 8-9).[123]

그러나 인간 경험의 기본구조로서의 종교라는 그의 주장이 타당할 수 있는 있어도 이것의 토대를 위해 전거로 들고 있는 아우구스티누스의 종교관이 실제로 카푸토가 말하고 있는 종교관의 맥락과 상통하는지는 의심스럽다. 그래서 스미스 교수에 따르면 카푸토가 아우구스티누스의 『고백록』과 데리다의 『할례고백』이 하나님에 대한 열정 때문에 둘 다 종교적일 수 있다고 말한다면 아우구스티누스의 종교관을 계시 없는 아우구스티누스, 죄를 말하지 않는 아우구스티누스가 될 수밖에 없다고 정당하게 주장한다.

카푸토의 종교관은 참된 종교와 거짓된 종교를 구분할

---

[123] OR, 9; K. A. 스미스, 『급진정통주의 신학』, 한상화 옮김 (서울: CLC, 2011), 154 참조.

수 있는 기준을 제공할 수 없다는 것이다.[124] 이러한 카푸토의 생각이 바로 포스트모던적이다.

기독교적인 것이 종교적인 것이 될 수는 있어도 그 역은 성립되지 않는다. 왜냐하면 기독교도 종교이지만 다른 종교와 공유할 수 없는 예컨대 죄와 타락, 그리스도만을 통한 구원, 그리스도의 신성과 인성, 그리스도의 동정녀 탄생, 부활, 재림, 삼위일체론 등이 있으며 이런 교리는 기타 종교와 공유되는 것이 아니라 인간 안에 자리 잡고 있는 종교성을 통해 고백되어야 하기 때문이다.

기독교를 믿는 자들은 자신들이 믿는 바가 종교적 다양성 중에 한 종교일 수는 있지만 구원의 측면에서 구원을 위한 유일한 종교라고 가르칠 수밖에 없는데, 왜냐하면 이것이 기독교라는 종교이기 때문이다. 문화마다 다양한 종교성이 있을 수 있지만 기독교 진리의 지평에서는 그 다양성들, 신의식의 다양한 현상들이 왜곡된 현상들일 뿐이다. 기독교의 헤게모니나 문화우월주의, 배타성이나 독단주의를 말하는 것이 아니라 불교나 유교, 이슬람교에 비해 기독교 진리가 그렇다는 것이다.

이러한 기독교 진리를 강요하고 강요하다 못해 이것을

---

[124] 『급진정통주의 신학』, 151, 154-155; Ibid., 154 참조.

가지고 배제나 억압이나 폭력을 정당화하여 타자를 해치고 표면적 현상으로 드러날 수밖에 없는 종교적 다양성을 무시하는 것이 문제일 뿐이지 기독교의 배타적 진리를 주장하는 것이 문제는 아닐 것이다. 오히려 기독교의 배타적 진리를 고백하는 사람들에게는 고정되고 (제한적이나) 언표가능한 하나님, 즉 성경의 하나님에게 기도하고 예배하며 고난과 고통 앞에서 통곡하지 않는 것이 이상할 따름이다.

이러한 점에서 데리다의 철학과 아우구스티누스의 신학과의 관계성이 근대 이후의 불행관계에 있었던 철학과 신학 간의 관계성을 회복하고 그 관계를 재정립할 수 있는 것인지는, 카푸토의 생각처럼 전근대의 관계로 철학과 신학이 회복할 가능성이 있을 수 있는지는 의문이다.

우리는 카푸토 말대로 무엇인가를 혹은 누군가를 사랑하려고 하며 그 사랑에 응답하여 무엇인가에 사랑받고 누군가에 사랑받는 것을 추구하면서 그 속에서 불안해 하고 염려하는 불안정한 자신을 발견할 수 있다.

무엇을 사랑하는지 누구를 사랑하는지를 완벽히 알지 못하여 계속해서 불안해하고 혼돈스럽고 그의 말대로 종교를 배제하고 평정심(아파테이아, 열정 없음)을 추구하는 스토아학파와는 다르게 "삶의 종교적 의미에서 평온한 모든 것은 불가능한 것에 대한 열정 때문에 신성한(divine) 열정, 신성한 혼란, 신성한 흔들림, 쉼 없는 동요에 의해 방해받는다"[125]고 할지라도 우리는 그 대답을 계속 추구할 수 있다. 이런 상태가 종교의 자리이며 우리 자신이라고 카푸토는 보고 있다.

기독교, 유대교, 이슬람교, 불교 등 어느 특정 종교나 도그마에 매달리지 않아도 있을 수 있는 종교, 이러한 종교를 가지지 않아도 종교가 자리 잡을 수 있는 종교 이것이 바로 (데리다가 말하는) 종교 없는 종교인데, 이는 우리가 사랑 자체와 사랑의 욕구와 사랑의 대상과 사랑에 대한 반응과 그럼에도 불구하고 사랑에 대한 무지 앞에서 불안해하고 혼란스러워하는 인간성 때문이다.

이것이 바로 "내가 당신(하나님)을 사랑한다고 할 때 나는 무엇을 사랑하나이까?"(*quaestio mihi factus sum*)라고 아우구스티누스가 물었던 물음이 그의 삶을 사로잡았으며 카푸토에게는 이 물음이 삶의 열정이다.[126]

카푸토에 따르면 "알려고 하는 우리의 추구를 충동질하는 것은" 다름 아닌 사랑이며[127] "종교적 삶의 의미에서 우리는 어떤 최종적 설명(Final Explanation)을 거부하고 규정된 형

---

[125] *OR*, 29.
[126] Ibid., 26.
[127] Ibid., 30.

식이 되는 것을 거절하는 것을 열정적으로 사랑한다."[128] 그는 다음과 같이 주장한다.

> 정통적 독자들이 아우구스티누스의 『고백록』을 읽고 싶어 하는 것과는 반대로, 종교는 우리 자신 이외의 어떤 것을 사랑한다고 고백하고, 종교의 한 가지 어원학적 의미에서, 우리 자신을 우리 자신 이외의 다른 것을 의미하는 **다른** 것에 묶고(re-ligare), 또 다른 어원학적 의미에서 우리 자신을 모아(re-legere) 변화하는 우리의 사랑의 중심에 우리 자신을 놓을 때 효과가 발생한다.[129]

그렇다고 카푸토가 고백적 신앙을 거부하는 것은 아니다. 그는 고백적 신앙공동체의 제도적 교회는 수많은 봉사와 관대함을 수행하며 하나님의 이름을 조직적이고 일관되게 선포하고 찬양함으로써 그 이름을 보전한다고 여긴다. 그러나 그는 문제점도 지적한다.

---

128 Ibid.
129 Ibid., 31.

> 그들은 또한 그들의 계급에 질서를 부여하고 반대자들의 목소리에 침묵하며 자신들의 공동체나 기관들과 다르다고 애원하는 사람을 배제하고, 파문하고 다른 것을 고백하는 사람들과 싸우며 일반적으로 자신들에게 동의하지 않는 사람들을 나쁘게 보이도록 애쓰는 데 상당한 양의 사악한 시간을 보낸다."[130]

카푸토에게 "제도화된 공동체는 자신들의 정체성과 그 정체성을 유지하는 힘에 의해 규정되며 이러한 힘이 다른 것을 파문할 권력을 포함하고 있다"[131]고 보고 있다. 더욱 흥미롭게 그는 다음과 같이 제시한다.

> 만일 이러한 공동체가 너무 많은 타자를 환대한다면 그것은 공동체를 단념하게 될 것이다. 타자를 환영하는 환대는 종교적 기관들이 열정적으로 설교하지만 주의 깊게 계산되는 신중함으로 실천한다.[132]

---

130 Ibid., 32.
131 Ibid., 32–33.
132 Ibid., 33.

이러한 카푸토의 지적은 고백적 신앙을 가진 사람들에게 일침을 가하며 그릇된 언행으로 다른 공동체를 자신의 공동체로 환원시키고 타자를 자기로 내면화시키고 동일질화시키는 것에 경각심을 갖게끔 해준다.

그러나 자신들이 믿고 있는 종교, 특히 기독교 공동체의 고백적 신앙을 위해 신에게서 파생되는 이웃사랑을 통해 종교의 차이를 말하고 변호하는 것이 아니라 그 변호와 차이로 인해 타자를 증오하고 배제하고 심지어 희생시키는 비기독교적인 현상을 비판하는 것과 다른 종교와 현저하게 다른 고백적 신앙이나 신앙공동체가 있을 수 있으며 그것을 지키고 유지하며 생존할 수 있다는 것은 별개의 문제이다.

다시 말하면, 특정 종교를 소유한 자의 언행의 결과와 그런 종교가 있는 것과는 별개의 문제이다. 사람들은 십자군전쟁을 비판한다. 십자군전쟁이 성지 회복이나 종교적 이유도 있었지만 다른 관점에서 보자면 그보다는 한편으로는 교황은 동로마 제국 황제를 자신의 휘하에 두려고 했고 다른 한편으로는 11세기에 서유럽 국가의 대외 팽창의 의미가 더 클 수 있다.

성지 회복보다는(물론 성지회복 자체가 문제가 있을 수 있다) 이것을 이용한 무자비한 살상이나 약탈 심지어 프랑스와 독일 소년들의 십자군을 노예로 파는 종교를 가진 자들의 잘못된 언행들이다. 결국 종교보다는 사람들이 그 종교를 이용해 더 큰 목적을 이루려고 것이 잘못된 것이다.

고백적 신앙 공동체가 그들의 종교적 고백에 철저하여 타자를 희생시키는 것은 오히려 분명 그들의 신앙고백까지 의심스럽게 만든다. 그러나 오히려 철저하게 신앙고백적 공동체를 인정해 주지 못하는 현상 또한 그들의 차이성을 인정하지 못하는 처사이다. 비판하는 자도 비판 받는 자도 인간이다. 다른 신앙고백과 다른 신앙 공동체에 속한 사람들의 그릇된 행동과 그 신앙으로 인해 나타나는 잘못된 언행을 비판하는 자들 또한 자신들에게 심지어 타자에게 관대하거나 타자를 환대하지 못한다.

사람들은 종교를 가진 사람들의 그릇된 언행의 결과가 그 종교적 신념이나 신앙에서 나온 것이라고 하여 그들을 더 비판한다. 사람들이 어떤 특정한 종교를 가지고 있다는 이유만으로 이러한 공동체에 속한 인간의 언행을 비판하는 것은 그들 자신 또한 이슬람이나 불교, 기독교라는 형태의 종교적 양태를 띠시 않을 뿐이지 자신의 신념이나 믿음, 전통, 관습 등에 얽매여서 신앙고백적 형태를 띠고 있는 타자를 공격하는 것이다.

아니 종교적 형태를 띠지 않은 자들은 더 교묘하게 타자를 파괴하고 타인으로 인해 희생당하고 배제당하는 것이 아니라 스스로가 자신을 희생하도록 하여 타자와의 차이성조차 인식할 수 없게 만들어 버린다.

오히려 더 종교적 형태를 띠지 않는 무신론자나 비신론자들이 더욱 무도덕적이고 비도덕적인 경우가 많다. 정상적이고 건전한 기독교 신앙을 고백하는 자는 자신의 종교적 신념으로 타자를 자기로 환원하지 않는다. 신에 대한 사랑을 이웃에 대한 사랑으로 나타내려고 애를 쓴다. 비록 그렇지 못한 사람들이 있을지라도 말이다.

타자에게 이득을 주기 위해 자신의 희생을 감수하는 것이 정상적인 기독교인이다. 그렇게 살지 못하고 그렇게 살려고 하지도 않으며 종교를 이용해 자신의 이득을 취하려는 것이 문제이지 신앙고백적 믿음이나 교리는 전혀 문제가 되지 않는다.

오늘날은 비겁하게 행동과 말만 강조하지 언행의 원리가 될 수 있는 성경의 교리나 생각들을 회피하는 게 더 문제다. 이것은 실천하지 않으려고 성경의 교리와 생각들을 강조하지 않는 현상일 수 있다. 마치 죄에 대한 교리가 오늘날의 유신론자들의 입맛에 맞지 않는 귀에 거슬리는 소리이기 때문에 강설자들이 그와 관련한 말씀을 회피하며 번영만을 강조하는 현상처럼 말이다.

이것을 강조하는 것은 도그마에 갇혀 있고 편협하고 타

자를 인정하지 않는 것처럼 여겨진다.

그러나 역자가 보기에 후자를 강조하지 못하고 강조하려고 하는 것이 이상 한 것처럼 보이는 것은 오히려 행동이나 말을 제대로 실천하지 않으려는 현상일 뿐이다. 왜냐하면 바른 교리와 바른 성경의 내용을 강조하면 할수록 자신의 언행은 그것을 더욱더 추구하고 그것에 더욱더 얽매일 수밖에 없기 때문이다. 그래서 후자는 강조하지 않으면서 실천만을 강조하는 현상이 나타난다. 그렇다고 신에 대한 사랑이 이웃에 대한 사랑으로 나타나지도 않는다.

이것은 왜곡된 실천이며 진정한 이웃과 타자에 대한 사랑의 실천이 아니다. 자기가 속한 공동체 특히 기독교 공동체를 비판하는 것이 그 공동체가 고백하는 신념이나 믿음을 정당하게 지키고 올바른 생각이나 행동인 것처럼 보여지는 시대이다. 우리의 언행을 비판하는 것도 중요하지만 우리가 믿고 있는 바를 철저하게 강조하지 못하는 것을 더 비판해야 된다.

니체에게는 복음이 좋은 소식이 아니라 나쁜 소식이다. 이유는 간단하다. 그가 보기에 당대에 복음이 그리스도가 살았던 삶과는 정반대의 것이 되었기 때문이다. 『안티크리스트』에서 그는 다음과 같이 말한다.

> 어떤 사람이 신앙으로 예를 들어 그리스도를 통한 구

> 원의 신앙으로 기독교인의 표지를 보여준다면 말도
> 안 될 정도로 잘못된 것이다.[133]

신앙은 니체에게 "교활함"[134]이며 "교활한 눈가림"[135]이다. 이는 "오로지 그리스도적인 실천만이, 즉 십자가에서 죽었던 그가 살았던 것처럼 사는 것만이 그리스도교적인 것"[136]인데 이러한 실천은 없고 믿음만 있기 때문이다. 그는 『힘에의 의지』에서도 다음과 같이 기독교를 비판한다.

> 기독교인은 예수가 그들에게 명령한 행동들을 결코
> 실천하지 않았으며 뻔뻔스럽게 이신칭의에 대해 수다
> 를 떤다. 이것의 유일하고 최고의 의의는 예수가 요구
> 했던 일들(works)을 고백하려는 용기와 의지가 교회에
> 게는 결여하고 있다는 결과뿐이다. 불교도가 비불교
> 도와 다르게 행동한다. 기독교인은 세상 사람들이 행
> 동하는 대로 행동하며 기독교의 예배의식과 기분을

---

133 니체, 『니체 전집 15』, 백승영 옮김 (서울: 책세상, 2016), 266-67. Nietzsche, *Der Antichrist* in Nietzschesource.org/
134 Ibid., 267.
135 Ibid.
136 Ibid.

소유하고 있다.[137]

루터를 니체가 못 마땅하게 여기는 것도 상기 내용 때문일 것이며 기독교인보다는 불교도인들이 오히려 세상 사람들과 다르게 종교적 실천을 하고 있지 기독교인들은 세상 사람들과 똑같이 행동하지 않으며 입으로만 이신칭의를 말하고 있다고 비판한다.

그래서 니체는 신앙이 아니라 그리스도적인 실천이 진정한 기독교도라고 본 것이다. 그가 보기에 그리스도인은 오직 한 명 예수 그리스도이다. 왜냐하면 그처럼 실천하는 사람은 그가 보기에 당대에는 아무도 없었기 때문일 것이다.

니체에게 그리스도인은 실천하지 않고 자신이 죄인이며 그 자신의 죄를 그리스도를 통해 사함 받고 하나님 나라 백성이 되기 위해 보장을 받는 믿음은 이 세상에서 적극적으로 삶의 의지를 살아가려는 힘에의 의지에 반하는 나약한 존재라는 것을 고백하며 피안의 세계를 동경하는 사람으로만 보인다.

역자는 여기서 니체의 기독교에 대한 비판을 다시 비판히

---

137 Friedrich Nietzsche, *The Will to Power*, trans. Walter Kaufmann and R. J. Hollingdale (New York: Vintage Books, 1968), 113(191).

려는 것이 아니라 실천을 신앙보다도 더 강조하는 니체의 말에 신앙인들이 경각심을 가져야 한다는 것만으로 족하다. 왜냐하면 역자는 모든 것을 실천의 지평에서 그 사람을 판단할 수 없겠지만 실천이 없는 신앙은 신앙이 잘못되었든지 신앙이 없든지라고 간주하기 때문이다. 실천 없는 신앙은 무력하고 맹목적이며 신앙 없는 실천은 공허할 뿐이다.

무신론자나 유신론자가 선행과 이웃에 대한 사랑의 실천에는 동일하게 나약한 존재자로 서 있다. 차이가 있다면 유신론자는 자신이 믿고 있는 신의 명령을 준수하고 그것에 근거하여 인생을 살아간다는 것이며 무신론자는 자신이 정한 기준에 따라 인생을 산다는 것이다. 인생의 목적이나 기준이나 방향이 무신론자의 이것들과 동일하지는 않지만 유신론자도 무신론자도 인생의 목적과 기준과 방향은 동일하게 **존재한다**는 점에서는 같다고 볼 수 있다.

그렇다면 무신론자나 유신론자나 자기가 믿고 수용한 것에(이것이 신이든지 다른 것이든지 그것에) 근거해서 인생을 산다. 그렇기 때문에 원리적 측면과는 다르게 실천적 측면에서 특별하게 유신론자가 신의 사랑을 강조하면서 그것을 드러내는 이웃에 대한 사랑의 실천을 하지 못하는 현상과 무신론자가 이웃에 대한 사랑을 실천하지 못하는 것의 현상의 차이는 없다.

유신론자는 이웃사랑이라는 삶의 목적이 일반적인 이해관계와는 무관하게 오직 신의 명령이나 신의 사랑과 신의 믿음에 근거하여 실행된다. 그래서 그 이웃에 대한 사랑을 실천하지 않을 때 그것에 대한 실패가 더 커 보이는 것이며 그것이 실천으로 이어지더라도 신의 명령이기 때문에 당연한 것으로 여겨진다.

다시 말하면, 유신론자의 이웃에 대한 실천의 목적은 현상 너머에 있는 신에게 두고 있기 때문에 이웃사랑의 실패의 결과가 크거나 작게 보일 수 있다. 무신론자는 유신론자보다는 이웃사랑이라는 삶의 목적이 대부분 이해관계 속에서 실행되며 좋거나가 나쁘다는 것을 떠나 넓게는 국가나 작게는 소규모의 공동체의 공동선이나 칸트의 표현처럼 마음속에 도덕법칙에 근거하여 움직여진다.

무신론자의 이웃사랑은 현상 너머가 아니라 물질계나 형이하학적인 것에 토대를 둔다. 이웃사랑의 현상적 지평에서는 별 차이가 없겠지만 이웃사랑의 근원과 그 사랑을 실천하는 목적과 이유는 무신론자와 유신론자 간에 극명한 차이가 있다.

이웃사랑을 유신론자는 신에게 무신론자는 현상에 근거하여 실천한다. 그래서 유신론자의 선행은 작게 보이며 비도덕적 행위는 혹독한 비난과 비판을 받게 된다. 이와는 반대로 무신론자의 선행은 크게 보이며 유신론자의 선행은 작게 보이며(당연하게 여겨지며) 무신론자의 비도덕적 행위는 상황에 따라 다르겠지만 비교적 작게 보이고 유신론자의 비도덕적 행위는 크게 보인다.

비판이 난무한 시대에 무신론자와 유신론자 모두 비판만 하지 말고 타자의 비판을 수용해야 한다. 만일 타자에 대한 나의 비판이 가능할 상황에 처한다면 (종교적이든지 비종교적이든지) 그 비판은 타자 혹은 이웃사랑에 근거해야 한다.

레비나스 말처럼 형이상학적 욕망은 전적으로 타자를 향한 욕망이다. 그러나 타자는 무한히 초월된 상태로 남아 있기 때문에 자기로의 환원은 아니다(*T&I*, 33, 194). 데리다의 무조건적 타자에 대한 환대(hospitality)이다.[138]

흥미롭게도 이러한 타자를 욕망하고 환대하는 근원적 생각은 배고플 때 먹을 것을 주었고 목마를 때 마실 것을 주었으며 "나그네 되었을 때에 영접하였고"(I was a stranger and you received me as a guest[또는 invited you in]⋯마 25:35)라고 타자에 대해 언급하는 성경에서 나타난다. 기독교인들은 철저하게 이웃사랑을 하나님에 대한 사랑에 근거해야 한다.

---

138 자크 데리다, 『환대에 대하여』, 남수인 옮김 (서울: 동문선, 2004) 참조.

카푸토의 『포스트모던 시대의 철학과 신학』이라는 본서를 통해 독자들이 두 관계의 역사적 긴장 관계를 살펴보고 포스트모던 시대의 우리들에게 균형 잡힌 종교와 비종교, 신학과 철학(기타 학문) 간의 관계에 대한 통찰을 얻을 수 있다면 역자의 미약한 번역은 그것으로 족할 것이다.

이 역서가 나올 수 있도록 친절하게 필자와 페이스북을 통해 연락하며 한국어판 서문을 기꺼이 써주신 카푸토 교수님께 감사드리며 역자의 부족한 번역 위해 꼼꼼하게 오역과 오탈자를 몇 번이고 수정하고 교정해 주신 편집부 직원들과 CLC 박영호 사장님께 감사의 마음을 전한다.

2016년 6월 20일

부록

연대순 주요 철학자 명단

소크라테스(469-399 BCE)
플라톤의 스승이자 영감을 주는 자였으며 "탐구되지 않는 삶은 살 가치가 없다"고 말했다(플라톤, *Apology*, 42a). 그는 작품을 남기지 않았으며 플라톤의 초기 대화편에서 우리에게 잘 알려져 있다. 『소크라테스의 마지막 날들』(*The Last Days of Socartes*, ed. Harold Tarrant, trans. Hugh Tredennick [New York: Penguin, 1993])과 『소크라테스의 대화』(*Conversations of Socrates*, trans. Robin H. Waterfield and Hugh Tredennick [New York: Penguin, 1990])를 참조하라. 또한 Aristophanes의 "구름"(Clouds, trans. Peter Meineck [Indianapolis: Hackett Pub. Co., 2000])을 참조하라.

플라톤(427-337 BCE)
서양철학의 지형도를 만들었다. 그의 작품들―『국가론』(the Republic)은 가장 유명하다―은 모든 후속 철학자들을 위한 핵심 참고문헌이다. 『플라톤 선집』(*Plato: The Collected Dialogue*, ed Edith, Hamilton and Huntington Cairns [Princeton: Bollingen Series, 1961])을 참조하라. 수없이 많은 이용할 수 있는 개론서

중에 그루브(G. M. Grube)의 『플라톤』(*Plato*, [reissue, Boston: Beacon Press, 2000])은 명쾌하고 믿을 만하다.

아리스토텔레스(384-322 BCE)
플라톤과 함께 서양철학의 공동창시자이며 다양한 방향에서 남달랐던 플라톤의 제자이다. 『아리스토텔레스의 주요작품』(*The Basic Works of Aristole*, ed. Richard Mckeon [repr., New York: The Modern Libary, 2001])을 참조하라. 그렌(Marjorie Grene)의 『플라톤의 초상』(*A Portrait of Aristole*, [repr. South Bend: St. Augustine's Press, 1998])은 탁월한 출발점이다.

사도 바울
바울은 진짜 성 바울이다. 철학에 대한 그의 입장은 브레튼(S. Breton), 『말씀과 십자가』(*The Word and the Cross*, trans. Jacquelyn Porter [New York: Fordham Univ. Press, 2002])를 참조하라.

아우구스티누스(354-430)
그리스도 교회의 가장 위대한 초기 교부이다. 그는 플라톤의 작품과 신플라톤주의 철학자에게 의존했으며 『고백록』(*Confessions*, trans. F.J. Sheed [Indianapolis: Hackett Pub. Co., 1970])-필자는 특히 Book I과 X을 사용하였다-과 『신의 도성』(*The City of God*, trans. Henry Bettenson [repr. Baltmore: Penguin Books, 2003]) 때문에 유명하다. 그의 "내가 의심한다면, 나는 존재한다"의 논의는 『신의 도성』, Book XI, 26장에서 발견된다. 필자가 알고 있는 가장 일반적인 개론서는 윌(Garry Will)의 『성 아우구스티누스』(*Saint Augustine*, [New York: Penguin, 1999])이다. 필자는 또

한 성 아우구스티누스와 성 토마스 아퀴나스 간의 차이점에 대한 폴 틸리히의 에세이, "종교철학의 두 이론"("Two Theories of the Philosophy of Religion," in *Theology of Culture*, 10-99)을 추천한다 (아래 폴 틸리히를 참조하라).

안셀무스(1033-1109)

자신의 『프로슬로기온』(*Proslogian*)에서 유명한 "존재론적 논증"을 제시했지만 또한 『왜 하나님은 인간이 되셨는가?』에서 형벌대속론으로도 잘 알려져 있다. 『안셀무스의 주요작품』(*Anselm of Canterbury: The Major Works*, ed. Brian Davies and G.R. Evans [Oxford: Oxford Univ. Press, 1998])을 참조하라.

모세스 마이모니데스(1135-1204)

가장 유명한 중세 유대인 철학적 신학자이며 아퀴나스처럼(아퀴나스는 종종 마이모니데스를 인용했다) 성경을 해석하기 위해 아리스토텔레스에 의존했다. 그의 가장 유명한 작품은 『초보자를 위한 가이드』(*A Guide for the Perplexed*, trans. M. Friedlander [New York: Dover Books, 1904, 1956])이다. 이슬람 세계에서 탁월한 철학적 인물들은 아비세나(Ibin-Sina, 980-1037)와 아베로에스(Ibn Roschd, 1126-1198)이다. 이슬람 역사와 중세 유럽에 대한 그 영향을 위해 와트(William Montgomery Watt)의 작품들을 참조하라.

토마스 아퀴나스(1225-1274)

고중세 시대와 로마 가톨릭 전통의 가장 위대한 신학자이다. 그는 자신의 고전인 『신학대전』(*Summa Theologia*, 5권, trans. Father of the English Dominican Province [Christian Classics, 1981])에서

아리스토텔레스의 라틴 번역에 의존했다. 하나님의 창조를 손상시키지 않는 것에 대한 언급을 위해 그의 다른 주요한 작품, 『대이교도대전』(*Summa Contra Gentiles*, ed. Vernon Bourke [South Bend: Univ. of Notre Dame Press, 1976]), Book III, 69장을 참조하라. 가장 좋은 일반적인 주석으로는 길슨(Etienne Gilson)의 『성 토마스 아퀴나스의 기독교철학』(*The Christian Philosophy of Saint Thomas Aquinas*, trans. I. T. Shook [South Bend: Univ. of Notre Dame Press, 1994])일 것이다.

갈릴레오 갈릴레이 (1564-1642)

근대 과학의 창시자 중 한 사람이다. 그는 코페르니쿠스 이론을 지지했던 최초의 망원경을 만들었지만 유명한 재판에서 교회로 인해 침묵했다. 그의 이야기는 소벨(Dava Sobel)의 『갈릴레오의 딸』(*Galileo's Daughter: A Historical Memoir of Science, Faith, and Love* [Baltimore: Penguin, 2000])의 출판으로 최근에 전환점을 맞이했다.

르네 데카르트 (1596-1650)

자신의 1641년 『성찰』(*Meditations on First Philosophy, trans. Donald Cress* [Indianapolis: Hackett Publishing Co, 1993])로 서양철학의 역사를 바꾸어 놓았으며 특히 철학자일 뿐만 아니라 뛰어난 수학자겸 논리학자인 라이프니츠(Gottfried Wilhelm von Leibniz, 1646-1716)와 신, 즉 자연(*deus sive natura*, 데우스 시브 나투라)이란 비정통적 생각으로 인해 유대교 회당으로부터 추방된 유대인 자유사상가 스피노자(Benedict de Spinoza)에게 영향을 주었다.

임마누엘 칸트(1720-1804)

헤겔과 함께 모든 독일 철학자들 중 가장 위대한 사람이며 계몽주의 사상의 절정이었고 유명한 삼중 "비판들" 중에 첫 번째인『순수 이성비판』(*Critique of Pure Reason*, ed. Paul Guyer and Allen Wood [Cambridge: Cambridge Univ. Press, 1998]) 때문에 가장 잘 알려져 있다. 종교에 대한 그의 주요 작품은『종교와 이성신학』(*Religion and Rational Theology*, ed Allen Wood [Cambridge: Cambridge Univ. Press. 1996])에서 발견된다. "계몽주의란 무엇인가?"는 온라인 http://www.english.upenn.edu/~mgamer/Etexts/kant.html.에 있다.

게오르크 프리드리히 빌헬름 헤겔(1770-1831)

"독일 관념론"의 절정이며 그 이후 모든 대륙철학의 규정점이다. 그의 가장 중요한 책은『정신현상학』(*Phenomenology of Spirit*, trans. A. V. Miller [Oxford: Oxford Univ. Press, 1977])이다. 필자의 설명은 주로『종교철학 강의』(*Lectures on the Philosophy of Religion*, ed Peter C. Hodgson [Berkeley: Univ. of California Press, 1988]), 391-489에서 가져왔다.

고트홀트 에프라임 레싱(1729-1781)

세 개의 위대한 일신교를 공통 윤리로 귀결시키는 것을 주장하는 희곡 "현자 나단"(Nathan the Wise, 1799)을 작성했다.『미나 폰 바른헬름과 그의 작품들』(*Minna Von Barnhelm and Other Plays and Writings*, [New York Continuum, 1991])을 참조하라.

프리드리히 슐라이어마허(1768-1834)

근대 자유주의 프로테스탄트 신학의 거인이며 종교에 대한 가장 유명한 정의들 중 하나의 정의를 내린 저자(절대 의존의 감정)이다. 『종교에 대하여』(*On Religion: Speeches to its Cultured Despisers*, trans. John Oman [New York: Harper Torch Books, 1958])를 참조하라.

쇠렌 키에르케고어(1813-1855)
"실존주의" 아버지이며 "포스트모더니즘"의 종교적 모습을 위한 중요한 원천이며 『두려움과 떨림』(*Fear and Trembling*, ed. and trans. Howard and Edna Hong [Princeton: Princeton Univ. Press, 1983])과 『철학적 부스러기』(*Concluding Unscientific Postscript to "Philosophical Fragments,"* ed. and trans. Howard and Edna Hong [Princeton: Princeton Univ. Press 1992]) 때문에 가장 유명하다. 그는 소크라테스를 자주 논의하지만 필자는 『순간과 후기 작품』(*The Moment and Late Writings*, ed. and trans. Howard and Edna Hong [Princeton: Princeton Univ. Press, 1998]), 340-43를 인용했다.

프리드리히 니체(1844-1900)
"신은 죽었다"라는 유명한 단언으로 잘 알려져 있으며 포스트모던 사상의 반-신학적 입장에 가장 중요한 19세기 배경 인물이다. 『선악의 저편』(*Beyond Good and Evil*, trans. R. J. Hollingdale [reissue, New York: Penguin Books, 2003])과 『우상의 황혼과 적그리스도』(*Twilight of the Idols and The Anti-Christ*, trans. R. J. Hollingdale [New York: Penguin Books, 1969])를 참조하라. 작은 별에 대한 서론부분의 인용은 "비도덕 속에 진실과 거짓에 대하여"("On Truth and Lies in a Nonmoral Sense," in *Philosophical and Truth: Selections from Nietzsche's Notebooks of the Early 1870s*, ed.

and trans. Daniel Breazeale [Atlantic Highlands, N.J.: Humanities Press International, 1979]), 790에서 발견된다.

알프레드 노스 화이트헤드(1861-1947)

현대 논리학의 토대를 놓은 버트란드 러셀(1910-1913)과 함께 『수학의 원리』(*Principia Mathematica*, [Cambridge: Cambridge Univ. Press, 1962])의 공동저자이며 『과정과 실재』(*Process and Reality*, 수정출판, ed. David Ray Griffin and Donald Shelburne [New York: Free Press, 1958])라는 책으로 1927년에서 1928년까지 기포드에서 강연을 하였는데, 이 책은 "과정신학"의 토대를 놓았다. 그의 가장 유명한 제자는 하트숀(Charles Hartshorne)이다. 이 작업은 오늘날 콥(John Cobb)과 네빌(Robert Neville) 그리고 그리핀(David Ray Griffin)과 같은 철학적 신학자들이 계속 하고 있다.

칼 바르트(1886-1968)

자신의 첫 번째 판 『로마서 주석』(*Commentary on the Letter to the Romans*, trans. 독일어 6th 판, Edwin C. Hoskyns [Oxford: Oxford Univ. Press, 1933])으로 1919년 자유주의 신학적 기반에 충격을 준 현대 신정통주의 아버지이다. 그는 기념비적인(4권 그러나 13권의 책인) 『교회교의학』(*Church Dogmatics*, 1936-75, 2nd ed., ed. and trans. G.W. Bromiley and Thomas F. Torrance [repr., Edinburgh: T. & T. Clark, 1975-77, 2004])을 계속해서 집필했다. 우리는 그의 『안셀무스』(*Anselm: Fides Quaerens Intellectum*, trans. 2nd ed., ed. Ian W. Robertson [London: SCM Press, 1960])를 참조했다.

폴 틸리히(1886-1965)

20세기 위대한 진보 신학자 중 한 사람이며 『조식신학』(*Systematic Theology*, 3권 [Chicago: Univ. of Chicago, 1951-63])의 저자이다. 틸리히는 1권, 59-66에서 자신이 따랐던 "상관관계" 방법과 바르트와 같은 사람의 "비-상관관계" 방법 사이의 구별을 설명한다. 또한 그의 『문화신학』(*Theology of Culture*, [New York: Oxford Univ. Press, 1964])을 참고하라.

마르틴 하이데거(1889-1976)

실존주의와 포스트모더니즘과 관련하여 20세기 모든 대륙철학자들 중 가장 중요한 사람이며 그의 1927년 고전 『존재와 시간』(*Being and Time*, trans. John Macquarrie and Edward Robinson [New York: Harper & Row, 1962]) 때문에 유명하다. 이 책은 현대 해석학의 토대를 놓았다. "기독교철학"에 대한 그의 언급은 『형이상학서론』(*An Introduction to Metaphysics*, trans. Ralph Mannheim [New Haven: Yale Univ. Press, 1959]), 6-7, 142-43에서 발견된다. 그의 『이성의 원리』(*The Principle of Reason*, trans. Reginald Lilly [Bloomington: Indiana Univ. Press, 1991])는 "근대"의 출현과 "이성"에 대한 근대의 생각을 탁월하게 스케치한 것이다.

루트비크 비트겐슈타인(1889-1951)

하이데거가 "대륙철학"의 무대를 지배한 방식처럼 "분석철학"의 앵글로-아메리카의 무대를 지배했던 비엔나에서 태어난 철학자이다. 그의 가장 중요한 책들은 언어의 순수 논리적 구조에 관한 1921년 『논리철학논고』(*Tractatus Logico-Philosophicus*, trans. D.F. Pears and B.F. McGuinness [London: Routledge, 1974])와 일상언어의 미묘함에 대한 1953년『철학적 탐구』(*Philosophical Investigations*, 2nd ed., trans. G. E. M. Anscombe [Oxford: Blackwell, 1998])이다. 그의『미, 심리, 신앙에 대한 강의와 대화』(*Lectures and Conversations on Aesthetics, Psychology, Religious Belief*, ed. Cyril Barrett [Oxford: Blackwell, 1966])를 참조하라. 필립스(D.Z. Pillips)는 오늘날 주도적인 비트겐슈타인 종교철학자이다.

토마스 쿤 (1922-1996)

자신의 1962년『과학혁명의 구조』(*The Structure of Scientific Revolutions*, 2nd ed. [Chicago: Univ. of Chicago Press, 1986])를 출간하여 미국 과학철학의 과정을 변화시켰다. 이 책은 여러분이 근대 과학의 뛰어난 탄생사를 찾을 수 있는『코페르니쿠스적 혁명』(*The Copernican Revolution: Planetary Astronomy in the Development of Western Thought* [Cambridge: Harvard Univ. Press, 1957])이라는 이전 책에서 발전하여 나왔다. 그의 작품은—비트겐슈타인과 하이데거의 작품과 함께—로티(Richard Roty)와 같은 "탈분석적" 사상가들이 받아들였다. 로티의『철학과 자연의 거울』(*Philosophy and the Mirror of Nature* [Princeton: Princeton Univ. Press, 1981])은 포스트모던 생각을 앵글로-아메리카 사상에서의 논의의 주제로 만들었다.

장 프랑수아 리오타르 (1924-1998)

예술과 윤리학 그리고 지식의 포스트모던 이론들에 대한 가장 주목할 만한 옹호자이며, 그의『포스트모던의 조건』(*The Postmodern Condition: A Report on Knowledge*, trans. Geoff Benninton and Brian Massumi [Minneapolis: Univ. of Minnesota Press, 1984])에서 1979년 현대 어휘에 나타난 "포스트모던"이란 낱말을 확립했다.

그는 또한 사망 당시에 아우구스티누스의 『고백록』에 대한 글을 쓰고 있었다. 그것은 『아우구스티누스의 고백록』(*The Confession of Augustine*, trans. Richard Beardsworth [Standford: Stanford Univ. Press, 2000])이다.

자크 데리다(1930-2004)
"해체"라는 낱말을 소개했으며 많은 책의 저자이지만 우리는 "할례고백"("Circumfession: Fifty-nine Periods and Periphrases" in *Geoffrey Bennington and Jacques Derrida*, Jacques Derrida [Chicago: Univ. of Chicago Press, 1993])에서, 특히 138-40, 154-55, 187-88에서 아우구스티누스의 논의에 집중했었다. 이 책에서 발견되는 베닝톤(Bennington)이 쓴 데리다의 분석은 또한 매우 추천할 만하다. 순수 "메시아적인 것"에 대해 『마르크스의 망령』(*Specters of Marx*, trans. Peggy Kamuf [New York: Routledge, 1994])을 참조하라.

장 뤽 마리옹(1946-)
프랑스와 미국의 종교철학 부흥에 선두적인 인물이다. 그의 가장 잘 열려진 책은 『존재 없는 하나님』(*God Without Being*, trans. Thomas Carlson [Chicago: Univ. of Chicago, 1991])이지만 그는 또한 선두적인 데카르트 학자이다. 자기원인(*causa sui*: 코사 쉬)에 대한 필자의 논의의 보내는 『데카르트의 형이상학직 관점』(*On Descartes' Metaphysical Prism*, trans. Jeffrey Kosky [Chicago: Univ. of Chicago Press, 1999]), 244-61에서 찾을 수 있다.

포스트모던 시대의
철학과 신학

Philosophy and Theology

2016년 10월 15일 초판 발행

지 은 이	|	존 D. 카푸토
옮 긴 이	|	김완종, 박규철
편 집	|	이종만, 전희정
디 자 인	|	서민정, 이재희
펴 낸 곳	|	사)기독교문서선교회
등 록	|	제16-25호(1980. 1. 18)
주 소	|	서울시 서초구 방배로 68
전 화	|	02) 586-8761~3(본사) 031) 942-8761(영업부)
팩 스	|	02) 523-0131(본사) 031) 942-8763(영업부)
홈페이지	|	www.clcbook.com
이 메 일	|	clckor@gmail.com
온 라 인	|	기업은행 073-000308-04-020, 국민은행 043-01-0379-646
		예금주: 사)기독교문서선교회

ISBN 978-89-341-1573-1 (93230)

* 낙장 · 파본은 교환해 드립니다.

이 도서의 국립중앙도서관 출판시 도서목록(CIP)은 서지정보유통지원시스템 홈페이지(http://seoji.nl.go.kr)와
국가자료공동목록시스템(http://www.nl.go.kr/kolisnet)에서 이용하실 수 있습니다.
(CIP제어번호: CIP2016018468)